Mentes Saudáveis, Lares Felizes

Augusto Cury
Marcus Araujo

Mentes Saudáveis, Lares Felizes

A importância do primeiro
programa mundial de gestão da emoção
para o presente e futuro das famílias e habitações

Copyright © Augusto Cury e Marcus Araujo, 2023
Direitos reservados desta edição: Dreamsellers Pictures Ltda.
Título: Mentes saudáveis, lares felizes
1ª edição: fevereiro 2023

O conteúdo desta obra é de total responsabilidade dos autores.
Nenhuma parte deste livro poderá ser reproduzida, em nenhum meio, sem autorização prévia por escrito da editora.

Autores: Augusto Cury e Marcus Araujo
Preparação e revisão: Lúcia Brito
Capa: Sérgio Duh
Projeto gráfico: Dharana Rivas

Dados Internacionais de Catalogação na Publicação (CIP)
(Câmara Brasileira do Livro, SP, Brasil)

Cury, Augusto
   Mentes saudáveis, lares felizes / Augusto Cury, Marcus Araujo. -- Brasil : Dreamsellers, 2023.
   160 p.

   ISBN 978-65-84661-36-3

   1. Família 2. Emoções 3. Autocontrole 4. Ansiedade 5. Família I. Título II. Araujo, Marcus

23-0925   CDD 158.1

Angélica Ilacqua - CRB-8/7057

Contato
@marcusarauj0
marcusaraujoautor@gmail.com

DREAMSELLERS EDITORA
www.dreamsellers.com.br
editora@dreamsellers.com.br

Eu, _____,
Desejo que você, _____, e seus familiares tenham uma mente saudável e sejam felizes.

A vida que pulsa em você é mais importante que todo dinheiro do mundo e mais bela que todas as estrelas do céu.
Você não é mais um número na multidão, você é um ser humano único e insubstituível.

Sumário

1. Sem gestão da emoção, as habitações podem se tornar uma fonte de ansiedade | **11**
Nenhum espaço é tão encantador ou tão estressante quanto o lar de uma família

2. A era da ansiedade e das mentes estressadas | **27**
Intoxicação digital, hiperatividade e síndrome do pensamento acelerado

3. Família moderna, um grupo de estranhos | **39**
A era dos mendigos emocionais e da solidão

4. Ferramentas fundamentais para gerir a emoção | **53**
Instrumentos para ser autor da própria história

5. O amor começa pela emoção e continua pela admiração | **63**
Uma pessoa admirável é amada pelo que é, não pelo que tem

6. A grande bola azul | **77**
O nosso endereço comum nos traz uma compreensão ampliada de lar

7. O início da contemplação
Os primeiros endereços fixos surgiram
com os exploradores contempladores | **99**

8. O maior divórcio da história
A industrialização da construção das moradias
nos privou de algo precioso | **111**

**9. O império da internet e o jeito
ansioso de viver**
As transformações que estão mudando
para pior a relação com nossas moradias | **137**

Mensagens finais | **154**

1

Sem gestão da emoção, as habitações podem se tornar uma fonte de ansiedade

Nenhum espaço é tão encantador ou tão estressante quanto o lar de uma família

por Augusto Cury

Gostaria que você abrisse sua mente para pensar nas casas ou apartamentos em todas as sociedades como o mais íntimo e fundamental espaço que o ser humano adquire, às vezes com enorme esforço, com as maiores expectativas possíveis. Quais são ou foram as suas expectativas e quantas foram frustradas?

O lar é o espaço no qual o indivíduo sonha amar, viver tranquilo, relaxar, se alegrar, superar a solidão, pacificar os conflitos, desenvolver projetos de vida, enfim, alcançar a famosa felicidade, proclamada em prosa e verso na poesia, na música, na literatura, nas religiões. Porém, muitas vezes o sonho se converte em pesadelo, em expectativas frustradas, pois a residência pode se tornar ambiente de conflitos, discussões, críticas, angústia, solidão, incompreensão, insônia, ansiedade, lágrimas úmidas ou secas, onde a felicidade dá lugar aos fantasmas mentais que estressam o ser humano de forma atroz.

Quantas dores são vivenciadas no pequeno espaço de milhões de apartamentos ou casas? Quantos atritos desnecessários? Quanto sofrimento por antecipação? Quantas cobranças e autocobranças? Quantas críticas em vez de elogios? Quantos apontamentos de erros em vez de celebração de acertos?

Se as paredes das habitações humanas pudessem falar, narrariam livros que poderiam ter o nome "Mentes ansiosas, lares infelizes". Pesquisas apontam que 50% dos pais nunca, sequer uma vez, conversaram profundamente com seus filhos sobre seus medos, decepções, pensamentos perturbadores, bullying, autopunição, baixa autoestima. Como é possível tal silêncio? E não poucas vezes os que conversam não sabem dialogar, são especialistas em dar broncas ou conselhos superficiais.

Nos milênios passados, o lar era um espaço para os seres humanos caçadores/coletores fugirem de predadores ou se esconderem de intempéries como torrentes d'água, baixas temperaturas, ventos uivantes, sol escaldante. A vida estava em constante risco. Não havia salas, móveis confortáveis, camas macias nem objetos de decoração, no máximo algumas artes rupestres inscritas nas lúgubres e úmidas paredes. À medida que a agricultura deu saltos e as civilizações se desenvolveram, esses ambientes ganharam estatura nos solos da mente e do imaginário humano, alcançando a estética de um lar.

No século 15, crianças de diversos países da Europa saíam de casa para ser treinadas dos 7 aos 14 anos por um mestre, frequentemente ficando longe dos pais nesse período fundamental da formação da personalidade. Aprendiam a arte da ferramentaria, a selar cavalos e carruagens, a cultivar alimentos, a trabalhar com couro, a fazer vinho.

Quando as escolas começaram a surgir em grande número, os lares passaram por uma revolução. Agora as crianças iam à aula e retornavam para casa, o que expandiu o contato com os pais e enriqueceu a afetividade. Palavras como *mon chéri*, "meu querido" em francês, surgiram e se popularizaram nessa época. Antes as casas comuns não tinham divisão de quartos e salas nem corredores laterais. Com o advento das escolas, surgiram os corredores laterais para estranhos não entrarem nas casas, e os quartos e salas foram divididos para os convidados não adentrarem na intimidade do casal e dos filhos. Enfim os lares surgiram, e os sonhos foram nutridos.

Contudo, um paradoxo atroz tem ocorrido, em destaque nas últimas décadas. Nenhum lugar pode ser tão encantador como sua casa ou apartamento, mas nenhum lugar também pode ser tão estressante. Nossas famílias deveriam ser o maior manancial de felicidade, mas podem se tornar a maior fonte de estresse se não compreendermos as regras de ouro para construir relações saudáveis. Por exemplo, quando alguém eleva o tom de voz, o programa de gestão da emoção nos ensina a baixar nosso tom, pois, caso contrário, podemos ganhar a discussão, mas perderemos o coração.

Outro exemplo: amamos para respeitar, valorizar, promover e libertar um ao outro. De repente, surge o vírus do ciúme, começa a necessidade de controlar quem se ama. O inferno emocional se instala. Quem tem ciúmes em excesso já perdeu, perdeu a autoestima e a autonomia. De acordo com o programa de gestão da emoção, ciúme é saudade de mim, pois exijo do outro a atenção que não dou para mim. Um parceiro ou parceira que aprende a ser líder da própria mente e supera o ciúme proclama de forma bem-humorada: "Sou uma pessoa bela e inteligente, e você é um privilegiado por conviver comigo. Se me abandonar, quem vai perder é você". E sorri com segurança.

Como autor do primeiro programa mundial de gestão da emoção, estou convicto de que, para promover mentes saudáveis e lares felizes, precisamos de ferramentas inteligentes e treináveis, pois é muito mais fácil formar mentes inquietas, ansiosas, impacientes, angustiadas e famílias estressadas, ainda que morando em palácios. Nossos íntimos são aqueles que mais podem prover sentido à nossa existência, prazer, alegria, motivação, mas também são aqueles que mais podem nos machucar.

Que tipo de família você tem construído ou quer construir? Não basta ter o apartamento ou a casa dos sonhos, é necessário construir uma felicidade sustentável. O lar começa dentro de você, no terreno da sua emoção, no solo da sua mente. Se errar nessa construção, você falhará no essencial.

O primeiro programa mundial de gestão da emoção para o presente e o futuro das habitações é um projeto único. Como disse um grande empresário do setor da construção: "Esse programa é o mais impactante e inovador que já surgiu no setor das incorporadoras". Talvez o mais importante em séculos para a promoção da saúde psíquica e das relações entre casais e entre pais e filhos.

Justificativas para a implantação urgente do programa de gestão da emoção

1. CRISE NOS CASAMENTOS

Não basta amar, é preciso amar com sabedoria. Sem gestão da emoção, milhões de casais começam o relacionamento no céu do afeto e o terminam no inferno dos atritos. Prometem se amar na alegria e na tristeza, na saúde e na doença, na miséria e na fortuna por todos os dias de sua vida. Eles mentem um para o outro sem saber que estão mentindo. Não sabem que o deserto emocional está cheio de pessoas bem-intencionadas, mas que não cumprem suas promessas.

L.A., um advogado notável, e M.D., uma designer de ambientes fascinantes, compraram o apartamento dos sonhos. No dia que receberam as chaves pareciam as pessoas mais felizes do mundo. Gastaram sua energia e inteligência para decorá-lo. Escolheram abajures, quadros, tapetes, móveis que os inspiravam, mas houve discordâncias quanto ao que comprar e o quanto gastar. Até aí, nada de estranho, divergências são comuns. Beijos para cá, abraços para lá. Palavras como "meu bem" eram constantes no dicionário da relação.

Passaram-se os meses, e pouco a pouco os atritos se avolumaram. Começaram a apontar falhas um no outro quase todos os dias. E o biógrafo do córtex cerebral, que chamo de fenômeno RAM, registro automático da memória, começou a arquivar janelas killer ou traumáticas, diminuindo o respeito e o afeto mútuos. Tornaram-se pouco a pouco especialistas em criticar um ao outro e não em elogiar. Essa é a principal especialidade para destruir uma relação, pois gera uma característica de personalidade gravíssima – baixo limiar para suportar frustrações. L.A. e M.D. não toleravam o mínimo erro um do outro. O advogado brilhante não sabia defender sua emoção da esposa, e a notável designer de interiores não sabia florir a mente do marido. A relação perdeu a leveza e se tornou asfixiante.

Em diversos países o número de divórcios teve uma queda inicial e depois se expandiu durante a pandemia da Covid-19 devido ao isolamento social, que elevou a quantidade e a qualidade dos atritos, crises, conflitos. Os casais tiveram mais tempo juntos não para ser bem-humorados, contar histórias, sonhar e ver um charme nos defeitos um do outro, mas para apontá-los e se estressar.

O amor não é inesgotável como o senso comum acredita. Precisa ser nutrido diariamente e precisa respirar, mas perde o oxigênio da liberdade quando o casal se torna especialista em discutir. Milhões de casais do mundo inteiro, brasileiros, norte-americanos, europeus, africanos, asiáticos, não entendem uma das importantes teses de gestão da emoção que abordarei mais adiante: começamos a amar com a emoção, mas só continuamos a amar pela admiração. Se você não se fizer admirável, não será amado, ainda que seja o ser humano mais ético e o profissional mais eficiente e responsável do mundo. Como se fazer admirável? Espere, por favor.

2. EXPLOSÃO DE TRANSTORNOS EMOCIONAIS

Não é sem razão que as pessoas que mais amamos adoecem emocionalmente diante dos nossos olhos e não percebemos – não poucas vezes contribuímos com esse adoecimento. Estatísticas demonstram que uma em cada duas pessoas tem ou vai desenvolver um transtorno psíquico ao longo da vida, um número assombroso. Estamos falando da metade dos alunos de uma escola, dos trabalhadores de uma empresa, dos membros das famílias, dos casais que lutam para comprar sua residência. Um número que deveria nos deixar preocupadíssimos.

Essa dramática estatística refere-se aos transtornos clássicos, como os diversos tipos de depressão (bipolar, maior, distímica), síndrome do pânico, TOC (transtorno obsessivo-compulsivo), TAG (transtorno de ansiedade generalizada), farmacodependência, as mais variadas psicoses e doenças psicossomáticas. Contudo, se levarmos em consideração os transtornos emocionais mais recentemente descritos, como a síndrome do pensamento acelerado e a intoxicação digital, os números vão às nuvens. Não será uma em cada duas pessoas, mas talvez nove entre dez pessoas que desenvolverão intolerância às frustrações, impaciência, agitação mental, sono de má qualidade, cefaleias, acordar fatigado.

Além disso, a maioria dos seres humanos que adoece psiquicamente não se trata, seja porque o tratamento é caro, seja porque faltam psiquiatras e psicólogos experientes, seja porque as pessoas neguem estar doentes e tenham vergonha de procurar um profissional de saúde mental. Mas temos de perguntar: quem é normal? O que é ser normal? Os parâmetros são muito elásticos. No fundo, de perto ninguém é normal, todos precisamos trabalhar melhor as frustrações, aprender a não gravitar na órbita das críticas, reciclar o lixo mental capitaneado por pensamentos perturbadores, desacelerar a mente, gerenciar a ansiedade.

3. EXPLOSÃO DAS FOBIAS

Existem mais de cem tipos de fobias ou medos superdimensionados, como nictofobia ou medo da noite, astrofobia ou medo de trovões e relâmpagos, autofobia ou medo de ficar sozinho, demofobia ou medo de multidões, aerofobia ou medo de voar, agorafobia ou medo de sair de casa, acrofobia ou medo de lugares altos, claustrofobia ou medo de lugares fechados, glossofobia ou medo de falar em público, alodoxafobia ou medo da opinião crítica, dos cancelamentos e dos *haters*. Também há a hipopotomonstrosesquipedaliofobia ou medo de falar palavras difíceis – o engraçado é que o nome dessa fobia já causa espanto em qualquer um.

K.M. é uma excelente gerente financeira. Dinâmica, ousada, perspicaz, impactante. Separada há dois anos, comprou uma casa em um condomínio que arrebatou seus sonhos por ter uma academia bem montada, piscina olímpica e um belo salão de festas. Foi morar com o filho de cinco anos. Comunicativo, ele logo fez amizades com meninos e meninas da sua idade. Ele suplicava à mãe para levá-lo nos aniversários dos novos amiguinhos, mas com muita dor ela recusava. Ele implorava, mas ela continuava se negando; quando ia, se isolava e logo retornava para casa com o filho chorando. O problema de K.M.? Ela tinha pavor de palhaços. Como é possível uma executiva que lida com números e com tantos problemas ter medo de palhaços? É possível, pois a mente mente. Os números são lógicos, mas a mente pode ser muitíssimo ilógica, mentir muitíssimo e transformar um objeto num monstro.

Quando K.M. era criança, um palhaço, tentando fazer uma brincadeira, assustou-a. Ela chorou na frente dos amigos. Vergonha e dor mesclaram-se no território da emoção. O biógrafo do cérebro, o fenômeno RAM, foi implacável, registrou uma janela killer duplo P, de duplo poder escravizante – poder de ser encontrada como agulha no palheiro e poder de ser lida, relida e retroalimentada, gerando um cárcere mental. A casa que K.M. comprou no belíssimo condomínio e a arrebatou com o salão de festas maravilhoso se tornou seu pesadelo. Felizmente K.M. não se curvou à dor, procurou um profissional de saúde mental e aprendeu a reeditar as janelas traumáticas e a gerenciar sua emoção para ser livre. Assim, não continuou a prejudicar a formação da personalidade do filho que tanto ama.

Quantos pais amam seus filhos e querem dar o melhor para eles, mas seus transtornos psíquicos os asfixiam? Não basta amar, temos de proteger nossa mente para proteger a mente de quem amamos. Você se preocupa em gerir sua emoção? Conhece técnicas efetivas?

Vamos falar sobre a glossofobia, citada há pouco. Essa se manifesta como medo de dar aulas e conferências, trabalhar em equipe, enfim, falar em público. O número de pessoas acometidas por essa fobia é enorme: 75%. Milhares de pessoas preferem enfrentar riscos de vida do que plateias. Na era das redes sociais, esperava-se que crianças e adolescentes fossem mais livres e seguros para falar, debater, expor ideias, mas percebe-se que, quando solicitados a falar em público, resolver um problema, travam e sua intelectualidade fica bloqueada. O sofrimento é intenso e pode prejudicar muito o desempenho socioemocional e o futuro profissional. Isso é preocupante, mas muitos pais e professores não se atentam para a gravidade.

Quantas críticas não bloqueiam os filhos? Comparar uma criança com a outra igualmente. Enfileirar alunos um atrás do outro gera um sistema de hierarquia intelectual que também contribui para desenvolver o medo de se expressar publicamente.

O mecanismo psicodinâmico de todas as fobias no córtex cerebral opera em milésimos de segundo: detona o gatilho da memória (primeiro fenômeno inconsciente), abre uma janela killer (segundo fenômeno inconsciente), que, no caso da glossofobia contém vergonha social, medo de ser criticado, medo de falhar, e o volume de tensão dessa janela é tão grande que a âncora da memória (terceiro fenômeno inconsciente) fixa o processo de leitura naquele arquivo. Assim como uma âncora fixa o navio no porto, a âncora da memória fixa a mente na janela traumática, fechando o circuito da memória como se fosse um presídio mental, bloqueando milhares de janelas ou arquivos saudáveis com milhões de dados que produziriam respostas inteligentes em situações estressantes. Grave isto: nos primeiros segundos, quando o circuito da memória se fecha, o indivíduo, ainda que inteligentíssimo, entra em estado de pânico, tem reações impensadas, diz palavras ofensivas que nunca deveria expressar.

Adultos, adolescentes e crianças precisam aprender as ferramentas de gestão da emoção para prevenir transtornos emocionais, como as fobias, ou abrandá-los quando já estão instalados no psiquismo. Se observarmos a angústia gerada pelos mais diversos tipos de fobias, reconheceremos a importância vital dessas ferramentas. Pais consideram suas crianças gênios porque sabem mexer em celulares, acessar a internet e manipular apps com maestria, mas o gênio desaparece na adolescência com a insegurança, o medo de ser cancelado ou criticado.

Se glossofobia é o medo de falar em público, timidez é o medo de se colocar nas relações interpessoais, ainda que diante de apenas uma pessoa. Cerca de 70% dos indivíduos no teatro da humanidade sofrem por causa da timidez, vergonha, acanhamento e inibição. Sudorese (aumento do suor), mãos frias, taquicardia, dificuldade de articular as ideias são alguns dos perniciosos sintomas. Ensinar ferramentas da gestão da emoção para essas pessoas é uma necessidade urgente.

4. EXPLOSÃO NOS ÍNDICES DE ANSIEDADE

Tive o privilégio de descobrir e descrever algumas síndromes socioemocionais insidiosas da atualidade, como a síndrome do pensamento acelerado (SPA), a síndrome da intoxicação digital, a síndrome do predador-presa. Onde estão as pessoas calmas, que falam com brandura, que comem prazerosa e lentamente, que observam a natureza de modo contemplativo? São raras como diamantes. O normal é ser impaciente, e o anormal é ser bem-humorado; o normal é ser irritadiço, e o anormal é ser calmo; o normal é querer tudo rápido, e o anormal é saber que tudo tem seu tempo.

As pessoas hoje discutem por bobagens, valorizam o trivial, mas não o essencial. Milhões não têm autocontrole quando os outros não correspondem a suas expectativas, sem considerar que eles também não correspondem às expectativas alheias.

Onde estão os pais e filhos que sabem trabalhar perdas e frustrações e não se curvam a suas dores, mas transformam os momentos mais dramáticos nas experiências mais solenes da vida? Onde estão as crianças e jovens que sabem pedir ajuda, pois aprenderam que pedir ajuda não é desistir, mas recusar-se a desistir? Onde estão os profissionais que sabem criticar seus fantasmas mentais, entre esses a autocobrança e o sofrimento pelo futuro, para reciclá-los, dominá-los? Onde estão os seres humanos que têm prazer em dialogar com as pessoas caras ao seu redor, perguntando: "O que posso fazer para torná-lo mais feliz?". São tão difíceis de achar como as mais belas pepitas de ouro.

A explosão da ansiedade nas sociedades digitais grita pela necessidade do programa de gestão da emoção. A ansiedade é um tema tão importante que haverá um capítulo dedicado ao assunto, abordando inclusive os erros cometidos por médicos, professores e pais ao confundir a síndrome do pensamento acelerado com hiperatividade.

5. AUMENTO DOS SUICÍDIOS E DA AUTOMUTILAÇÃO

Outra estatística terrível é que a cada 40 segundos alguém morre pelas próprias mãos, a cada quatro segundos alguém tenta o suicídio e provavelmente a cada um segundo alguém pensa em desistir da vida. Nos mais de 70 países em que sou publicado tenho tentado mostrar que há um conceito errado sobre o suicídio. Quem pensa em morrer na realidade não quer exterminar a vida, mas a dor; portanto, tem sede e fome de viver e não sabe, pois desconhece o próprio teatro psíquico.

Aprender a não ser controlado pela dor emocional causada por bullying, fracassos, perdas, injustiças, ofensas, autopunição, ditadura da beleza e em vez disso comprar vírgulas, como expresso no livro *O Vendedor de Sonhos*, para escrever os capítulos mais importantes de nossa história nos momentos mais dramáticos de nossa existência é primordial. O filme *O Vendedor de Sonhos*, baseado em minha obra, foi um dos mais assistidos na Netflix em muitas nações, levando milhares às lágrimas por entenderem que não são compradores de vírgulas, mas colocadores de pontos finais. E quantos pontos finais colocamos quando vemos nossos filhos, cônjuge, amigos, colaboradores errarem, inclusive quando nós mesmos falhamos? Somos não poucas vezes implacáveis sem perceber. Técnicas de gestão da emoção como o D.C.D. (duvidar, criticar e determinar), minha paz vale ouro, é inegociável, o resto é insignificante, ser um consumidor emocional responsável e outras podem contribuir muito para comprarmos vírgulas.

Outra estática inenarrável: milhões de adolescentes se automutilam no banheiro, em destaque nos banheiros das escolas. Infelizmente muitos pais e professores desconhecem esse drama de seus filhos e alunos; se têm conhecimento, raramente dispõem de habilidades para ajudá-los. Sou idealizador da Escola da Inteligência, o maior programa mundial de habilidades socioemocionais. A cada ano esse projeto pioneiro ganha mais terreno no solo social. Temos mais de 400 mil alunos e mais de 1.500 escolas utilizando o método. Temos cerca de cem psicólogas e psicólogos em nosso time, contribuindo para a aplicação do programa no ambiente escolar. Todavia, esse número espetacular ainda é uma gota no imenso oceano da humanidade, que já supera os oito bilhões de habitantes.

Para você ter uma ideia da necessidade vital desse programa, vou relatar um episódio altamente preocupante. Não faz muito tempo, uma de nossas psicólogas encontrou uma jovem de cerca de 14 anos numa academia. Depois de conversarem, a jovem disse angustiadamente que se automutilava. A escola que a menina frequenta tem uma mensalidade caríssima e ainda não aplica nosso programa. A psicóloga perguntou: "Mais alguém se mutila na sua classe?" A jovem ficou surpresa e respondeu: "Somos 25 alunos, que eu saiba, apenas três não se mutilam".

Os alunos que se mutilam não são masoquistas, como milhões pensam, inclusive determinados psicólogos. Eles se mutilam fisicamente porque estão sofrendo muitíssimo e usam a dor física para tentar neutralizar a dramática dor emocional, para se sentir vivos, ou até, em alguns casos, como ritual compulsivo para aliviar a ansiedade, que na realidade só piora.

Os gestores da instituição educacional dessa adolescente e a maioria dos pais nem imaginam a asfixia emocional que seus alunos e filhos estão atravessando. A educação mundial é racionalista e incoerente, almeja ensinar a matemática em que dividir é diminuir, mas não sabe ensinar a matemática da emoção, na qual dividir conflitos aumenta a possibilidade de superá-los. Quer ensinar línguas para que os alunos aprendam a falar e escrever corretamente, mas não os ensinam a dialogar com seus cárceres mentais, como timidez, ansiedade, autopunição, para apaziguá-los e reciclá-los.

Somos mentalmente saudáveis?

Estamos formando pessoas doentes para uma sociedade doente. Mesmo as melhores universidades do mundo estão na idade da pedra no que tange à gestão da emoção. Meus alunos do programa de mestrado e doutorado da USP ficam surpresos na disciplina que ministro sobre gestão da emoção para a formação de professores universitários; alguns comentam, perplexos, que não aprenderam nada sobre o tema na graduação. Se isso ocorre em uma das melhores universidades do país, que dirá em outras.

Agora, estamos reformulando e expandindo o programa de gestão da emoção, sucesso magnífico no mundo educacional, para o futuro das habitações, para que as famílias dos mais diversos povos e culturas, começando pelo Brasil, possam se apropriar de ferramentas que, assimiladas e treinadas, podem prevenir transtornos emocionais, construir relações saudáveis, desenvolver a inteligência global, expandir o prazer de viver, desintoxicar digitalmente.

É surpreendente a aceitação e o fascínio que esse programa tem registrado. As pessoas estão começando a penetrar em camadas mais profundas da própria mente e descobrindo que podem comprar um bom apartamento ou casa em um condomínio, mas não um lar mentalmente livre, feliz e emocionalmente saudável; podem comprar roupas de marca para proteger e embelezar o corpo, mas não habilidades para vestir e proteger a psique; comprar relógios caros para observar as horas, mas não o tempo para dialogar e encantar os filhos; podem comprar presentes para provocar a alegria por alguns momentos, mas não podem adquirir o que o dinheiro não pode comprar para gerar um amor sustentável em seus íntimos; podem ter uma bela academia para malhar o corpo, mas não ferramentas para treinar o Eu para ser líder de si mesmo.

Temos de mudar nossa mente e atitude nesta breve existência. Aprender a ser um garimpeiro de ouro no solo da mente humana e atuar como gestor da emoção e dos nossos pensamentos é essencial para sermos minimamente saudáveis. Você é emocionalmente saudável? O quanto contribui para que a sociedade também o seja?

A era da ansiedade e das mentes estressadas

Intoxicação digital, hiperatividade e síndrome do pensamento acelerado

por Augusto Cury

Descobri e descrevi a intoxicação digital. Quero enfatizar que ela não é apenas a necessidade de usar aparelhos como celulares, videogames, é uma síndrome que mexe com o ciclo de neurotransmissores cerebrais e gera vários sintomas graves, como um sono de má qualidade, pois interfere nos níveis de melatonina, a molécula de ouro que desencadeia e aprofunda o sono. Além disso, produz dependência psicológica, pois mexe com o ciclo da dopamina e da serotonina, por isso a abstenção dos aparelhos digitais pode produzir intensa irritabilidade, angústia, perda do sentido existencial e falta de prazer. Também gera aversão ao tédio e à solidão, um problema grave, pois o tédio e a solidão brandos são instrumentos fundamentais para a interiorização e a capacidade criativa.

A intoxicação digital, como tenho dito em meus treinamentos para magistrados, não está prevista na Constituição das nações nem nos manuais da Organização Mundial de Saúde, mas viola dramaticamente os direitos humanos, pois pode gerar sintomas nos níveis da dependência de drogas estimulantes como a cocaína. Retire o celular de um jovem e veja se ele não apresenta graves sintomas de abstinência.

Outra síndrome que descrevi como pesquisador é a síndrome do pensamento acelerado ou SPA. Descobri-a há mais de duas décadas, quando produzi mais de três mil páginas de conhecimento sobre o funcionamento global da mente, em destaque o processo de construção e de pensamentos, que para mim é a última fronteira da ciência, pois tudo se relaciona a ou deriva do pensamento – a ciência, a arte, a política, o esporte, a educação –, até a emoção, pois, embora essa tenha natureza distinta dos pensamentos, usa-os como seu veículo.

Em 2004, quando lancei o livro *Pais brilhantes, professores fascinantes*, lido por mais de dez milhões de pais e professores, disse que a SPA explodiria em intensidade e quantidade no mundo todo, gerando uma ansiedade gravíssima, coroada por diversos sintomas psíquicos e psicossomáticos. Foi exatamente o que aconteceu devido ao uso excessivo de aparelhos digitais.

Uma criança de 7 anos de idade hoje tem mais informações que Abraham Lincoln tinha na década de 1860 ou que um imperador romano no auge do império. Não é suportável. Os quatro fenômenos inconscientes que atuam na base da construção de pensamentos entram num frenesi, aceleram-se muitíssimo, gerando uma hiperconstrução de pensamentos. O primeiro fenômeno, o gatilho da memória, dispara sem parar, abre inúmeras janelas neutras (sem conteúdo emocional), killer (doentias) ou light (saudáveis), e o terceiro fenômeno, a âncora da memória, tem dificuldade em se fixar numa área da memória, perdendo foco e concentração. Por fim, o quarto fenômeno, o autofluxo, começa a produzir pensamentos numa velocidade jamais vista, a não ser em tempos de calamidade, gerando um fluxo de pensamentos e emoções que esgotam o cérebro.

No livro *Ansiedade – como enfrentar o mal do século*, alertei que a SPA seria confundida no mundo todo com o TDAH, transtorno do déficit de atenção e hiperatividade, pois tem alguns sintomas semelhantes, como inquietação, agitação, falta de disciplina, déficit de concentração, baixa capacidade de suportar contrariedades. Isso aconteceu numa intensidade muito maior do que eu previ.

Cerca de 1% a 2% das crianças e jovens, bem como adultos, têm hiperatividade, e essa tem um viés genético, como pais ou avós agitados, que faziam muitas coisas ao mesmo tempo etc. Entretanto, provavelmente mais de 80% têm sintomas da SPA, além de inquietação, déficit de concentração e irritabilidade, também acordam cansados, têm dor de cabeça e dores musculares, sofrem pelo que ainda não aconteceu, revelam impaciência, esquecimento, sono de má qualidade.

J.C. estava com seis anos de idade. Era agitado, inquieto, não sabia ouvir não, fazia birra quando contrariado, logo abandonava os brinquedos que ganhava. Na escola estava sempre se movimentando na carteira, falando com os colegas ou saindo do lugar. Quase não tinha foco. A relação com os pais era complicadíssima. Esses gritavam, pressionavam, criticavam, mas o garoto ia de mal a pior. Depois das broncas, tentavam compensá-lo com presentes.

J.C. teve diagnóstico de hiperatividade e depois de TOD (transtorno opositor desafiador). Ledo engano. Os pais e avós não tinham esses sintomas, portanto, não havia fundo genético. Hoje são dados inúmeros diagnósticos sem fundamento, sem compreensão do funcionamento da mente. O TOD na realidade é uma variante da SPA.

Como o menino ficava horas a fio na internet, nas redes sociais, nos videogames, na TV e era supercompensado com presentes, na realidade sofria de SPA. O comportamento confrontador e desafiador de J.C. surgiu aos poucos pela construção de uma plataforma de janelas killer, pelo fato de os pais não saberem colocar limites com sabedoria diante de um filho ansioso e autoritário, pelas discussões intermináveis e por compensações exageradas para aliviar o sentimento de culpa como educadores.

Os pais de J.C. cometeram cinco erros com as melhores das intenções. Sempre davam o celular na hora de comer para a criança se acalmar. Esse erro aumenta a ansiedade e pode gerar uma compulsão por comer, propiciando a obesidade no futuro. Quando iam a eventos sociais, também davam o celular para J.C. não causar tumultos – o segundo erro. Como o menino estava cada vez mais ansioso, os pais davam mais presentes para alegrá-lo e motivá-lo – a terceira falha atroz, que tornou J.C. um mendigo emocional, pois mexeu com o fenômeno da psicoadaptação, levando-o a procurar ansiosamente cada vez mais estímulos, como produtos, para sentir migalhas de prazer. Para abrandar a inquietação insuportável, os pais deixavam J.C. passar horas no videogame – o quarto erro que levava à expansão da ansiedade. Por fim, o quinto erro frequente, que piorou tudo: os pais começaram a servir de plateia para as birras e a agressividade do filho.

Comportamentos doentios são retroalimentados quando existe plateia. Por incrível que pareça, dar broncas em excesso, gritar, fazer escândalo e presentear em excesso são formas de se posicionar como plateia e prejudicar o processo de formação da personalidade. Por favor, guarde esse parágrafo para sempre em seu coração, comente-o com pais, amigos e colaboradores.

Preocupados, os pais levaram J.C. a um neurologista infantil de renome. A criança mais uma vez foi diagnosticada com hiperatividade ou TDAH. O diagnóstico estava novamente errado. Infelizmente o menino começou a tomar medicamentos para domar a agitação e a impulsividade, o que embotou sua cognição. J.C. acalmou-se, mas já não era tão esperto e ativo. Muito triste. Felizmente, depois de erros na condução, descobriu-se que o problema da criança era a SPA e entendeu-se que a ansiedade era causada pelo excesso de informações, intoxicação digital e pela relação sociofamiliar tensa, patrocinada por um cardápio de atritos e discussões.

J.C. só começou a melhorar quando os pais passaram a usar técnicas de gestão da emoção. Baixaram o tom de voz e abrandaram as discussões. Estimularam o filho a contemplar o belo, a fazer das pequenas coisas um espetáculo aos olhos, a ter contato estreito com a natureza, a cuidar de animais. Além disso, os pais foram ensinados a transferir o capital das suas experiências, a falar das suas lágrimas para que J.C. soubesse como chorar as dele, a falar de seus desafios para que J.C. entendesse que não há céus sem tempestade.

A regra de ouro da gestão da emoção para promover mentes saudáveis e famílias felizes é a técnica da teatralização da emoção (TTE). Toda vez que J.C. errava, dava escândalos, fazia birras, os pais não o agrediam nem o puniam, mas mostravam emocionalidade, demonstravam que estavam muito tristes e decepcionados e em seguida saíam de cena sem dizer mais nada naquele foco de tensão. Toda vez que J.C. tinha comportamentos elogiosos, ainda que simples, os pais o aplaudiam. A melhora foi fascinante. Pouco a pouco, o menino produziu em sua personalidade uma plataforma de janelas light que ao longo do tempo financiaram duas características socioemocionais fundamentais: pensar antes de reagir e empatia.

Você está formando herdeiros ou sucessores?

Que tipo de cardápio socioemocional você está oferecendo a seus filhos? Pais impacientes e críticos, que oferecem a seus filhos um mundo digital sem limites, têm grande possibilidade de gerar herdeiros e não sucessores. Herdeiros querem tudo rápido e pronto, sucessores pensam a médio e longo prazo; herdeiros têm sonhos, mas não têm disciplina; sucessores sabem que sonhos sem disciplina produzem pessoas frustradas; herdeiros têm baixo limiar para suportar fracassos; sucessores usam seus dias mais tristes para conquistar seus pódios; herdeiros são especialistas em reclamar, sucessores são peritos em agradecer.

    Pais e professores em todas as nações não entendem que seus filhos e alunos são complexos e têm enorme potencial para desenvolver uma mente brilhante mesmo quando decepcionam, tiram os adultos do autocontrole e os deixam desesperados. A educação mundial cartesiana, racionalista, conteudista precisa de uma cirurgia e não de uma simples revisão, precisa ser reinventada. É isso que proponho em mais de 70 países. A seguir vou revisar algumas regras de ouro da gestão da emoção para construir relações saudáveis e socioemocionalmente inteligentes:

- ❖ Os pais devem aprender a encantar os filhos, transferindo o que o dinheiro não pode comprar – o capital das experiências – e não serem apontadores de erros ou um manual de ética apenas. Devem falar dos dias mais difíceis de suas vidas para que os filhos aprendam a superar os deles, assim entenderão a complexidade da existência e os riscos que ela traz e poderão desenvolver a famosa resiliência, tão fácil de falar e tão difícil de conquistar. Pais que errarem nessa técnica falharão em formar mentes seguras, altruístas e solidárias.

- Os pais devem exaltar a inteligência de quem erra para depois falar dos erros. É uma agressão falar dos erros sem primeiro promover quem falhou. É uma invasão da privacidade distribuir críticas sem considerar a dor do outro. Essa técnica é inenarrável.
- Os pais devem mudar a postura como educadores, indo da era do apontamento de falhas para a era da celebração dos acertos. Quem é um apontador de falhas está apto para consertar aparelhos. Quem é um celebrador de acertos ganha os solos da emoção de quem ama. Limites devem ser colocados, mas com firmeza e brandura, segurança e generosidade. Essa técnica vale mais do que o mais belo apartamento ou a mais notável casa de condomínio. Se errarmos nessa ferramenta de gestão da emoção, o espaço mais luxuoso será uma fonte de angústias.
- Os pais devem ensinar a belíssima a arte da contemplação do belo, de fazer das pequenas coisas um espetáculo aos olhos – uma flor, uma parede rachada, a anatomia das nuvens, um abraço, um diálogo descompromissado. Do ponto de vista psicológico, rico é quem treina seu olhar para fazer muito do pouco.
- Os pais devem estimular os filhos desde a mais tenra infância a ter atividades lúdicas e tranquilas. Pintar, tocar

instrumentos, cultivar plantas, praticar esportes, pescar desacelera a mente e previne a SPA.

- Os pais não devem sobrecarregar os filhos com atividades. Devem escolher duas ou três importantes, pois o excesso de compromissos estressa e estimula a SPA. Crianças têm de ter infância, adolescentes têm de ter aventuras. A pergunta fatal: "Se eu não encher meu filho de atividades, ele não vai ficar no celular?". Se você for chato, entediante, crítico e não encantador, bem-humorado e saudavelmente provocador, é óbvio que seu filho vai trocá-lo pelo celular. Creio que quem pensa assim não entendeu as seis ferramentas de ouro que listei até aqui.

- Os pais devem praticar a regra das regras de ouro da gestão da emoção para educar os filhos: a teatralização da emoção. Essa técnica, descrita há pouco, é fácil de entender, mas difícil de aplicar, pois estamos viciados em discutir, criticar, chantagear, reagir pelo fenômeno bateu-levou, debelar insubordinação, enfim, em querer domar o cérebro sem entender que o cérebro é indomável, somente educável.

Você promete que vai aplicar essas ferramentas? Caso diga que sim, vou brincar: desculpe, mas não confio em você. Falando sério, a palavra-chave é treinamento, treinamento, mais treinamento. Sugiro que leia e releia esse trecho umas dez vezes, medite a respeito e treine.

Reitero: atualmente médicos no mundo inteiro estão fazendo diagnósticos errados e prescrevendo drogas para domar o cérebro de nossos filhos e alunos por causa de um problema que nós causamos. Claro que medicamentos bem prescritos, com dose e período adequados, podem ser importantes para uma minoria que tem hiperatividade.

Quando se usa as técnicas de gestão da emoção descritas acima, crianças e adolescentes com hiperatividade ou com SPA podem dar um salto socioemocional e ter vantagens cognitivas. Esses jovens têm muita energia mental e serão fascinantes se usarem tal energia com foco, disciplina e de modo produtivo.

Estamos na era da ansiedade, das mentes inquietas. Treinar-se para gerir os pensamentos e emoções não é apenas importante – é essencial.

Corrija a miopia emocional

Eu tenho deficiência visual, enxergo pouquíssimo com o olho direito e mais ou menos com o olho esquerdo. Imagine escrever mais de 60 livros com essa deficiência. Deficiência nos olhos alguns têm e outros não; raro é não ter miopia emocional. E o pior cego é aquele que acredita enxergar bem.

Sempre falei das minhas dificuldades, crises, fracassos, transferindo o que o dinheiro não pode comprar, o capital das minhas experiências, para que as pessoas entendessem que ninguém é digno do sucesso se não usar suas perdas e frustrações para alcançá-lo. Declarar nossas limitações é uma forma de corrigi-las. Raramente os pais, professores e executivos abrem o portfólio das suas crises e dificuldades, têm medo de ser apenas seres humanos, vivem uma história artificial, escondendo os fantasmas mentais que os assombram.

Sempre me coloquei como um ser humano em construção, que não tem medo do caminho, tem medo, sim, de não caminhar. Uma pessoa não morre apenas quando o coração para de pulsar, mas também quando para de sonhar e para de aprender.

Como já disse, sem gestão da emoção pessoas bem-sucedidas se tornam emocionalmente fracassadas, casais começam o relacionamento no céu do romance e o terminam no inferno dos atritos. O biógrafo do cérebro, o fenômeno RAM, registra os atritos e conflitos, desertificando a suavidade da vida. Com o passar do tempo o convívio se torna insuportável. Você consegue viver com uma pessoa sem muito tempero, não muito esperta ou mentalmente lenta, mas é difícil conviver com uma pessoa crítica.

Os paradoxos que os pais vivem na relação com os filhos é quase inacreditável. Milhões de pais são muito bem-humorados quando seus filhos são bebês. São verdadeiros palhaços, brincalhões, fazem milhares de tentativas para roubar um sorriso. Ah, como são encantadores. Depois ocorre um acidente emocional gravíssimo. Quando os filhos crescem e entendem a linguagem e as piadas, os pais perdem o bom humor e se tornam especialistas em criticar.

Nos períodos de formação da personalidade, quando as crianças e adolescentes mais precisam do bom humor e paciência dos pais, eles os perderam. Talvez você fique chocado com o tema do capítulo 5 – começamos a amar pela emoção, mas só continuamos a amar pela admiração.

Dê o mundo externo para quem você ama e terá bajuladores que só estarão a seu lado enquanto você os financiar; dê seu próprio mundo, o capital das suas experiências, o que o dinheiro jamais pode comprar, e terá os mais excelentes amigos e sucessores mesmo quando lhe faltarem recursos. A finalidade de toda relação é construir amigos e formar sucessores, não herdeiros e bajuladores – é acumular um tesouro que muitos reis e multimilionários não conquistaram.

3

Família moderna, um grupo de estranhos

A era dos mendigos emocionais e da solidão

por Augusto Cury

Houve períodos históricos em que a indústria do lazer ganhou musculatura, como os tempos áureos da Grécia antiga, quando havia os teatros e as Olimpíadas, ou os tempos áureos de Roma, quando Vespasiano construiu o Coliseu e ali, naquela cáustica arena, havia pão e circo anestesiando a mente dos romanos ao autoritarismo do império. No século 21, esperávamos ter a geração mais feliz de todos os tempos, pois a indústria do lazer atual é pelo menos cem vezes mais musculosa do que a do auge da Grécia e de Roma.

Crianças, adolescentes e adultos de hoje, por maiores que sejam as dificuldades financeiras, têm acesso à música e ao esporte, ao rádio e à televisão aberta. Centenas de milhões têm acesso aos celulares, às redes sociais e aos videogames. Mas onde está a geração mais feliz, que acorda cantarolando, brincando e fazendo da vida um espetáculo único e imperdível? Perdeu-se. Talvez seja a primeira geração de mendigos emocionais. Esse é mais um grito de alerta que lanço nos muitos países em que sou publicado, mas infelizmente sinto que sou um pensador com voz solitária. No máximo as pessoas e documentários falam dos problemas ligados ao excesso de uso de aparelhos digitais, mas não se comenta que encarceramos e asfixiamos a mente humana, produzindo a era dos mendigos emocionais.

Certa vez, em entrevista para a *Forbes* americana, falei que, apesar de existirem centenas de bilionários listados pela revista, há muitos miseráveis morando em palácios, pois mendigam o pão da alegria. Choquei a muitos dizendo que uma pessoa rica do ponto de vista psiquiátrico, psicológico e sociológico é alguém que treina seu olhar para extrair o máximo do pouco e uma pessoa miserável é aquela que precisa de muito em termos de aplauso, reconhecimento e atenção para sentir pouco.

A era dos mendigos mentais: o risco da psicoadaptação

As sociedades digitais mexeram na caixa de Pandora da mente, na caixa-preta da aeronave psíquica, em destaque no fenômeno da psicoadaptação, que é inconsciente. Psicoadaptação é a incapacidade de sentir prazer ou dor diante da exposição ao mesmo estímulo. Preste muita atenção nessa definição.

A psicoadaptação pode ser muito positiva quando leva à redução dos níveis de sofrimento, ansiedade e depressão diante de uma perda, um fracasso, um vexame. Por exemplo, se os pais não se psicoadaptassem à perda de um filho, desenvolveriam um luto interminável. A saudade nunca será nem deve ser resolvida, pois ela nos torna humanos; entretanto, se não houver um abrandamento da dor pela psicoadaptação, o indivíduo se tornará depressivo e autodestrutivo. Nesse caso, um pai ou uma mãe não conseguirá abraçar os outros filhos nem se encantar com a vida, sonhar, se relacionar espontaneamente.

Muitos não se psicoadaptam a um fracasso, vexame público, bullying, divórcio ou assédio moral porque não constroem janelas light saudáveis que neutralizem a dor e, por conseguinte, não mais oxigenam sua emoção para contemplar a vida. O risco de ler e reler janelas killer com alto volume de estresse e registrá-las repetidamente é alto e constrói verdadeiros cárceres mentais. Esse fenômeno não foi estudado por Freud, Piaget, Erich Fromm, Marx, Sartre, Spencer e outros pensadores das ciências humanas, mas é vital para a compreensão da nossa espécie. A psicoadaptação é essencial para a superação das mais diversas intempéries existenciais.

Como a psicoadaptação opera com frequência, creio que 50% ou mais dos traumas humanos são reciclados espontaneamente, não necessitando da intervenção de um profissional de saúde mental. Todavia, é fundamental aplicar técnicas de gestão da emoção para turbinar positivamente a psicoadaptação.

No caso da perda de um ente querido, uma técnica de gestão da emoção para superar o luto é treinar o Eu para não se deprimir, homenageando a quem partiu, por exemplo, proclamando diariamente: "Homenageio cada minuto que vivi com quem amei bebendo do cálice da felicidade e por amor a ele darei o melhor de mim para fazer os outros felizes".

Em relação a outros traumas, como divórcio, humilhações, crises financeiras, o Eu não pode ser coitadista, vitimista nem conformista, deve ser forte e líder de si mesmo, proclamando diária e silenciosamente que sua paz vale ouro, o resto é insignificante, declarando: "Os melhores dias estão por vir". Desse modo a psicoadaptação se acelera. Se formos vitimistas, gravitaremos na órbita do estímulo estressante e ele nos controlará. Infelizmente, centenas de milhões de pessoas, mesmo aquelas que moram nas mais confortáveis residências, vivem desconfortavelmente nos porões mentais. Não se psicoadaptam às perdas e, consequentemente, não têm forças para se reinventar. Você tem algum tipo de porão emocional?

Quando a psicoadaptação é bem resolvida, gera um tédio saudável, uma perda branda do prazer e, consequentemente, uma ansiedade vital muitíssimo saudável, que leva o ser humano a ser curioso, explorador; assim, ele volta a sonhar e construir novas relações sociais, novos projetos de vida. Sem essa ansiedade vital saudável, a motivação humana seria débil, frágil, paralisante. A arte e a ciência seriam uma eterna mesmice, não haveria motivação para produzi-las, para inovar, para andar por ares nunca antes respirados. Elimine a ansiedade e você ficará paralisado.

Não reclame da ansiedade gerada pela psicoadaptação, ela é muito importante. Todavia, quando excessiva, a ansiedade produzirá sintomas psíquicos, como insônia, irritabilidade, inquietação, angústia, sofrimento pelo futuro, e psicossomáticos, como dor de cabeça, dores musculares, queda de cabelo, taquicardia e até doenças autoimunes. Portanto, o problema não é ter ansiedade, mas não dosá-la. Gerenciar a ansiedade é uma das metas fundamentais do programa Mentes Saudáveis, Lares Felizes.

O ambiente político: meio de cultura da sociopatia

Se por um lado a psicoadaptação tem dois grandes objetivos saudáveis – gerar a diminuição da dor emocional e conduzir a uma eterna busca por algo que às vezes você nem consegue definir o que seja –, por outro lado também pode ser altamente destrutiva. Os nazistas se psicoadaptaram à dor dos judeus e de outras minorias, matando-os, aprisionando-os, tolhendo seus direitos sem sentimento de culpa, desenvolvendo uma sociopsicopatia coletiva.

Ideologias e militância radicais de direita ou de esquerda podem levar políticos a amar seu partido mais do que sua sociedade, ficando incapazes de aplaudir projetos da oposição, fechando o circuito da memória e patrocinando uma sociopatia coletiva. Psicopatas ferem, matam e não têm sentimento de culpa, sociopatas transgridem as regras sociais, embora possam ter sentimento de culpa. Nunca confunda um psicopata com um sociopata.

A psicopatia pode levar o ser humano a cometer atrocidades inimagináveis. Na Segunda Guerra Mundial, quando os nazistas perdiam a batalha e convocaram homens de mais idade para pegar em armas, esperava-se que fossem menos violentos, mas a psicoadaptação levou-os a desenvolver uma psicopatia gravíssima, por isso se tornaram tão ou mais violentos do que os jovens treinados militarmente. Psicopatas e sociopatas podem ser formados em tempo de estresse econômico e crise política, mas altruístas também. Como a educação mundial é fria, seca, exteriorizante, quando vêm as crises, ela é estéril para evitar o radicalismo.

Embora muitos políticos não possam ser classificados como psicopatas ou sociopatas, a política é um meio de cultura no qual floresce mais o radicalismo do que a flexibilidade, mais a exclusão do que a generosidade. Quando você sabe se um político é saudável, notável e um grande líder? Quando ele é capaz de elogiar projetos ou características de seus adversários, ainda que diminutos. Mas muitos se encastelam em seus feudos, não sabem o quanto é bom e agradável valorizar com honestidade seus oponentes. Se um líder só fala para sua plateia, é um menino no território da emoção, ainda que idoso.

Todo radicalismo e extremismo refletem graves defeitos da personalidade que colocam a vida em risco. Entretanto, mesmo quem é radical, se trabalhar diuturnamente a empatia e a capacidade de pensar antes de reagir, pode construir plataformas de janelas saudáveis no córtex cerebral, as quais podem reverter o quadro, gerando altruísmo e solidariedade.

O envelhecimento da emoção e a psicoadaptação

A psicoadaptação mal trabalhada pode trazer outra consequência seríssima: o envelhecimento precoce no único lugar em que deveríamos ser sempre jovens, em nosso psiquismo, asfixiando o prazer de viver, a ousadia, a disciplina e a capacidade de reescrever a própria história. Você já notou que existem jovens mentalmente preguiçosos, para os quais tudo é difícil, começam algo motivados e logo depois desistem? São velhos na emoção. Já notou também que existem idosos em idade, mas sempre inventivos, proativos, sonhadores? São emocionalmente jovens. A emoção não acompanha a idade biológica, jovens podem ser idosos, e idosos podem ser jovens.

Quem está morando em sua casa ou apartamento? Pessoas mentalmente jovens, bem-humoradas, arrojadas, motivadas, tranquilas, brandas, especialistas em agradecer? Ou pessoas mentalmente idosas, peritas em reclamar, atritar, elevar o tom de voz, criticar e com dificuldades de lutar por seus sonhos? Sua residência é um abrigo de idosos ou de jovens emocionais? Essa é uma grande questão, que deveria ser levada em conta do Oriente ao Ocidente.

Veja a seguir alguns comportamentos e atitudes internas que envelhecem seriamente a emoção:

- Um jovem ou adulto que sofre por antecipação acrescenta uns dez anos à idade emocional. Constrói tantas janelas killer que se torna uma pessoa apreensiva, com medo da vida, medo de correr riscos, medo de inovar, medo de fazer a diferença. O Eu psicoadapta-se ao casulo. Tem pavor de voar por ares nunca antes percorridos.
- Quem rumina perdas, mágoas e frustrações também acentua o fenômeno da psicoadaptação, gerando um efeito cascata – perde a capacidade de se excitar com o presente, turbina a ansiedade saudável, tornando-a doentia e gerando uma série de sintomas, entre eles o esgotamento cerebral. Tais pessoas também acrescentam mais uns dez anos à idade emocional.
- Cobrar demais de si mesmo, como já mencionei, não apenas destrói a saúde emocional, mas também envelhece precocemente o território da emoção. Um ser humano com esse comportamento pode fazer mil plásticas, mil viagens, comprar joias e palácios, mas nada esconderá os sintomas do envelhecimento emocional, como intolerância às frustrações, irritabilidade, inquietação, falta de sentido existencial. Autocobrança excessiva acrescenta mais uns 15 anos à idade emocional.

- Ter dificuldade de conviver com pessoas lentas acrescenta mais uma década à idade emocional.
- Impaciência, querer tudo rápido e pronto.
- Ter aversão ao tédio e à solidão e não saber usá-los para libertar a criatividade.
- Cobrar demais dos outros.
- Ser pessimista.
- Ser reclamador.
- Ser impulsivo.

Cada uma dessas características doentias da emoção acrescenta teoricamente mais uns bons anos à emoção, dependendo de sua frequência e intensidade. Calcule sua idade emocional aproximada.

Talvez milhões de famílias, incluindo pré-adolescentes e pais, tenham cem anos ou mais de idade emocional, ainda que vivam num novíssimo e belíssimo apartamento ou casa. De que adianta morar no imóvel dos seus sonhos se em sua casa mental você vive um pesadelo? É uma ilusão, uma felicidade artificial.

Lembre-se de que a pessoa que não convive com você tende a ser um príncipe ou uma princesa espetacular, amável, gentil. Vá morar debaixo do mesmo teto, e os fantasmas que estão nos bastidores da mente dele ou dela poderão assombrá-lo.

Alguns instrumentos para rejuvenescer a emoção

Felizmente a emoção pode rejuvenescer muitíssimo desde que observemos e treinemos diariamente as ferramentas de gestão da emoção propostas no programa mundial para o presente e o futuro das famílias e das habitações. Não importa o espaço de sua residência, o que importa é se você e quem você ama estão dispostos a dirigir seu script, enriquecer sua emoção, gerenciar sua mente e desenvolver habilidades socioemocionais.

Quer rejuvenescer sua emoção? Vamos recordar algumas ferramentas:

- Elogie pelo menos três vezes por dia quem você ama. Um distribuidor de elogios rejuvenesce a emoção, pois arquiva no outro e em si janelas light que tornam a vida mais leve e tranquila.
- Critique a necessidade neurótica de se preocupar com o futuro. O único momento em que você pode ser realizado é no presente.
- Aprenda a ver as habilidades notáveis das pessoas lentas – seu raciocínio, sua calma, seu feeling. Com frequência o problema não é que as pessoas sejam lentas, mas você é que é rápido demais. Toda pessoa rápida ama acelerar os outros, tem prazer em estressá-los.
- Agradeça por tudo e a todos. Agradeça ao garçom que o serve, ao professor que o ensina, a seus pais por cuidá-lo, a seus filhos por existirem, aos invernos da vida, às primaveras sociais. A arte de agradecer rejuvenesce semanalmente a emoção, a arte de reclamar a envelhece diariamente.
- Gerencie o estresse doentio. Faça microrrelaxamentos durante o dia, desacelere sua mente, traga à mente o que lhe dá esperança e lembre-se: duvide de tudo que o controla e o asfixia. Treine fazer suas tarefas passo a passo para rejuvenescer mentalmente. O processo tem mais riquezas do que o alvo, a jornada tem mais aventuras do

que o pódio, sábios são os que descobrem o tesouro na caminhada. Você é um sábio?
- ❖ Extraia muito do pouco, ainda que sonhe ter muito. Se depender de aplausos, reconhecimento, notas altas, premiações, curtidas nas redes sociais para ser feliz, você na realidade será infeliz, pois mais de 90% do seu tempo é feito de rotina. E na rotina você deve aprender a ser um garimpeiro de ouro. Aprenda com o mestre dos mestres, que há dois mil anos, no auge da fama e saturado de problemas para resolver, tinha tempo para as flores, olhe os lírios dos campos e veja como são belos. Com que metáfora belíssima ele nos ensinou! Ele era um mestre da juventude emocional, mesmo quando o mundo desabava sobre ele. Há lírios de diversos tipos em todos os lugares, nas crises, nas perdas, nas dificuldades, até nas decepções, enfim, nos desertos da vida. Não os vemos porque somos emocionalmente envelhecidos e míopes. As flores nascem nos invernos e desabrocham nas primaveras. Despreze os invernos e nunca terá uma bela primavera.
- ❖ Não queira ser o mais rico de um cemitério. Trabalhe muito, lute por seus projetos, mas nunca se esqueça de fazer tréguas e entenda que o trivial não pode sufocar o essencial – e o essencial é ser feliz.

Se treinar essas ferramentas, você será sempre jovem emocionalmente, ainda que seu corpo seja debilitado pela idade. Será um amigo do tempo, ele sorrirá para você, pois você terá vivido uma vida que vale a pena ser vivida, mas se sofrer pelo futuro, for impulsivo, ruminar mágoas, for um especialista em cobrar de si, perito em reclamar, detestar a solidão, o tempo será um inimigo implacável. Sua história será estressante.

O teatro da mente humana

Você pode morar em qualquer residência que caiba em seu bolso. Pode morar em qualquer país que desejar. Pode escolher suas amizades, pode escolher seu trabalho, pode vestir a roupa que puder comprar, mas você tem de saber que o registro de sua história – a colcha de retalhos que forma o tecido de sua personalidade – não é opção do seu Eu, da sua vontade consciente. Sua história será registrada quer você queira, quer não.

Por quê? Porque o fenômeno que eu chamo de biógrafo do cérebro, o registro automático da memória (RAM), arquiva tudo sem a autorização da vontade consciente, do Eu. Se você, por exemplo, rejeita alguém e quer excluí-lo, vê-lo a quilômetros de distância da sua história, sinto muito, mas ele vai dormir com você e perturbar seu sono. Por isso no teatro da mente humana o céu e inferno emocional podem estar muito próximos.

Toda tentativa do *Homo sapiens* de negar, fugir, se vingar, esquecer rejeitar um desafeto, um inimigo, um estímulo estressante, como sempre fez na história para se proteger mentalmente, não o protegeu, ao contrário, o desprotegeu. Essas ferramentas ineficientes incitam o fenômeno RAM a registrar de maneira poderosa o que você detesta em janelas ou arquivos chamados de janelas traumáticas ou killer. Elas podem se tornar cárceres mentais se retroalimentadas.

Freud acreditava que, nos primeiros sete anos de vida, as crianças experimentavam perdas, frustrações e crises que se tornavam traumas e esses se desenvolviam ao longo da vida e geravam o adoecimento psíquico. Entretanto, o problema é mais grave e complexo do que Freud imaginava, não é apenas o trauma original, mas a retroalimentação do trauma.

Se você sofre um fracasso ou um vexame, isso gera uma dor emocional. Se a âncora da memória se fixar na experiência original, ela será lida e relida centenas ou milhares de vezes, gerando milhares de arquivos que constituirão a colcha de retalhos de um transtorno psíquico. Agora, se você impugnar, reciclar, confrontar a experiência original, a âncora não se fixará na janela traumática e, consequentemente, você não será escravo do trauma.

Crianças e adolescentes que ruminam bullying, fracassos, rejeições e erros podem adoecer. O bullying deveria ser varrido das relações humanas; como é impossível bani-lo completamente, devemos proteger os jovens. Desde a mais tenra infância pais e professores têm de ensinar que o Eu deve criticar, discordar de pensamentos perturbadores. Infelizmente, a educação clássica é corretora de erros e não promotora do Eu como ator principal do teatro da mente humana.

Certa vez um garoto de 15 anos, M.S., declarou com ar muito triste: "Meus pais não me amam". Questionaram: "Mas eles não lhe dão roupas?" "Sim, as melhores e de marca." "Não lhe dão aparelhos eletrônicos?" "Sim, tenho um celular moderno e uma TV no quarto." "Não lhe dão comida?" "Sim, compram até suplementos." "Não pagam uma boa escola, academia?" "Também, me dão até uma boa mesada. Eu tenho tudo, mas não tenho nada, pois não os tenho. Eles nunca me perguntaram sobre minhas dificuldades, meus medos, minhas angústias, nem sabem dos bullyings que sofri. Jamais perguntaram se eu choro ou se sou feliz." E o jovem M.S. concluiu: "Tenho um banco em casa, cobram minhas tarefas e meus erros, mas não pais". Milhões e milhões de filhos têm banqueiros dentro de casa e não pais que penetrem em suas camadas mais profundas.

Em que nação os pais são equipados para transferir o capital das suas experiências? Fico tristíssimo ao ver que japoneses, chineses, norte-americanos, franceses, alemães, brasileiros estão na idade da pedra em relação à educação que forma mentes livres e saudáveis.

Treinar para ser um mestre provocador/elogiador, que questiona constantemente os filhos e alunos sobre seus projetos, sua essência, seus medos e seus bloqueios é fundamental, tão ou mais do que a matéria técnica a ser dada. É preciso libertar o imaginário, fomentar a ousadia, nutrir a capacidade de explorar, fortalecer a segurança, a autoestima e a autoconfiança dos jovens. Em um indivíduo desprotegido e envelhecido emocionalmente, um *hater*, um crítico voraz nas redes sociais causa mais impacto do que cem elogiadores.

Bem-vindo ao mundo dos questionadores/elogiadores, dos que julgam menos e abraçam mais, dos que dão menos respostas prontas e ensinam mais a pensar, dos que são mais lentos para criticar e mais rápidos para conhecer os bastidores da mente de quem amam. Um brinde aos eternamente jovens no território da emoção.

4

Ferramentas fundamentais para gerir a emoção

Instrumentos para ser autor da própria história

por Augusto Cury

Não há mente saudável constituída de prazer pleno e estável. Não é possível falar de emoção sustentável nem de famílias saudáveis sem tocar na relação que temos primeiramente conosco. Quem se autopune ou se cobra excessivamente tem grande possibilidade de ser implacável com o outros, é a matemática da emoção. Quem não é flexível, quem não sabe dar para si tantas chances quantas necessárias, provavelmente será inflexível e intolerante com os outros. Quem não entende que a mente mente, quem acredita nas mentiras da própria mente e se torna especialista em sabotar sua saúde emocional dificilmente será um promotor da saúde de quem ama e daqueles com quem trabalha e convive. Não é possível ter gestão da emoção se não conseguimos nos abraçar e beber das fontes da tranquilidade.

Centenas de milhões de pessoas no rol das nações modernas vivem a maior parte do tempo no espaço de uma escola e de um apartamento ou casa sem aprender minimamente sobre ferramentas para gerir a emoção nos focos de estresse, seja para prevenir transtornos psíquicos, seja para construir relações saudáveis. Entender e usar esses instrumentos é essencial não apenas para promover a criatividade, a proatividade, a ousadia, a autodeterminação, o autocontrole, mas também para vivenciar uma vida que vale a pena ser vivida. Vou comentar brevemente sobre seis desses instrumentos.

Namorar a vida

Namorar a vida é ter consciência da complexidade e dos riscos da existência, mas sem perder de vista sua grandeza e beleza inenarráveis. É abraçar mais e julgar menos, é transformar o caos em oportunidade, as perdas em ganhos, as crises em esperança. Você já treinou alguma vez a habilidade de namorar a vida, ser apaixonado pela existência mesmo diante das tempestades? Essa habilidade não é um dom genético, mas um treinamento diário, semanal, mensal. Muitos africanos, mesmo enfrentando crises e enormes dificuldades, expressam uma alegria fascinante. Treinaram intuitivamente sua emoção para serem felizes. Muitos milionários do Vale do Silício na Califórnia têm uma mente esgotada e uma emoção com baixos níveis de alegria. Não treinaram a emoção para fazer muito do pouco.

Parece incrível, mas, se você não exercitar diariamente namorar a vida, não alcançará uma felicidade inteligente e sustentável. Não relaxará, não se encantará com a beleza da vida nem desenvolverá estratégias para superar as intempéries sociais, como fracassos, perdas e frustrações. Quem não souber namorar a própria vida vai se tornar um criticista, um pessimista, um observador de erros e não um contemplador de acertos, nunca saberá namorar o parceiro ou parceira, o marido ou a esposa. Nem mesmo conseguirá amar de forma profunda os filhos, pois se tornará um apontador de falhas.

Há seres humanos que nunca se abraçaram, nunca disseram para si mesmos: "Apesar dos meus defeitos, eu me admiro", nunca compraram flores para si mesmos. Se são péssimos para si, como serão bons para os outros? Impossível!

Ser mais leve e tranquilo

As pessoas frequentemente são pesadas, tensas, ansiosas nesta sociedade digital e urgente. Treinam a musculatura numa academia, mas não conhecem a academia da emoção, não frequentam a academia antiestresse para treinar para serem livres, leves, ter autocontrole, enfim, beber das águas da tranquilidade. Seja sincero, você bebe das águas da tranquilidade ou da ansiedade?

Para ser mais calmo e paciente é necessário usar a solidão branda como um bilhete para mergulhar dentro de si. A solidão intensa é tóxica, mas a solidão branda é fundamental para se conhecer, se sentir, fazer as coisas passo a passo. Os seres humanos atuais detestam a solidão, não a usam como instrumento vital para se interiorizar e revisar sua vida agitada e tensa.

Onde se treina as poderosas ferramentas de gestão da emoção para a saúde mental? Nem em Harvard, Cambridge, Stanford, MIT, USP, Unicamp e nas demais universidades do mundo se realiza minimamente esse treinamento. Não é infrequente alguns dos meus alunos do programa de mestrado e doutorado da USP dizerem que sua vida se divide em antes e depois do programa de gestão da emoção.

Ser mais leve é saber tocar na orquestra da vida em harmonia, é viver em sintonia com a vida. Você não nasce feliz, você treina para ser feliz; você não nasce tranquilo, você treina para ser tranquilo; você não nasce sábio, resiliente, empático, você educa sua emoção para desenvolver essas habilidades. Jovens e adultos arrastam sua mente tensa, irritadiça, impaciente, com baixíssimo limiar para suportar frustrações por toda a vida e em todos os ambientes, em casa, no trabalho, até nas férias.

Pessoas bem-sucedidas, por não conhecerem o funcionamento da mente nem as armadilhas da emoção, acham que grandes somas de dinheiro, cultura acadêmica notável e prestígio social invejável as arrebatarão para o paraíso. Sem saber, aumentam os níveis de exigência para serem felizes, cobram de mais de si, sofrem pelo futuro e, por fim, chegam ao deserto da ansiedade. Dinheiro não garante tranquilidade e felicidade, embora a falta de dinheiro frequentemente garanta ansiedade e infelicidade na sociedade de consumo. Como já comentei, há muitos miseráveis mendigando o pão da alegria.

Você, seu cônjuge, seus filhos e colaboradores podem a treinar a arte da tolerância, da acalmia, da empatia, de pensar antes de reagir, da proteção emocional, da contemplação do belo nesta sociedade urgente e doente. Sem treinamento, estamos fora do jogo. Não há milagres para se ter uma mente brilhante e saudável.

O mestre dos mestres sabia disso. Ele treinou seus alunos há dois mil anos diariamente por mais de três anos antes de ser pendurado num madeiro, como digo nos livros *O maior líder da história* e *O médico da emoção*. Pedro era hiperativo e irritadiço, João era bipolar em sua motivação, Tomé era paranoico, Mateus era inconfiável pelos fariseus devido à corrupção, Judas não era transparente. Eram ambiciosos, irritadiços, egoístas, reagiam pelo fenômeno bateu-levou, eram anti-heróis, davam dores de cabeça frequentes a seu mestre. Tinham tudo para ter uma história socioemocional e intelectual medíocre (mediana), sem grande impacto social, mas foram treinados em todas as habilidades que estou expondo e outras mais e por fim mudaram a história da humanidade.

Observar um charme nos defeitos suportáveis

Quem é perfeito, quem não erra, quem não decepciona? Apenas quem está morto. Quem não tem momentos de angústia, reações incoerentes ou comportamentos inadequados? Nenhum ser humano. Se você é um ser humano, você é altamente complexo; sendo altamente complexo, você não precisa passar por problemas para tê-los, você os cria. O problema é criar demais e com frequência. Milhões de pessoas vivem criando doenças que não existem, construindo inimigos que só estão na cabeça delas, afligindo-se por problemas que ainda não aconteceram.

Se somos todos muitos complexos e complicados mentalmente, que tal treinar o olhar para ver um charme nos defeitos dos outros? Que tal não ser um juiz radical, que procura detalhes para condenar, e em vez disso ser um sábio, especialista em compreender e abraçar? No trabalho você pode ser um juiz, mas sem perder a brandura, em casa você precisa ser um sábio sem perder a autocrítica, caso contrário, será um destruidor da saúde emocional de sua família, ainda que compre para ela o melhor apartamento e a mais notável casa.

Uma das mais belas habilidades socioemocionais é treinar para se doar sem medo e ao mesmo tempo diminuir a expectativa do retorno, inclusive dos íntimos, pois são esses os que mais podem nos ferir. Esse treinamento torna a vida mais suave, constrói janelas light no córtex cerebral, as quais nos libertam de dentro para fora. Espere muito retorno dos outros, dos filhos, da esposa, do marido, dos amigos e você vai se frustrar intensamente; ainda que seja milionário, vai empobrecer muitíssimo na capacidade de sentir prazer. Construirá janelas killers que se tornarão seus cárceres mentais.

Estou me referindo a defeitos leves que todos nós temos. Isso não quer dizer que você será omisso diante de erros, falhas e comportamentos graves. Diante desses, você tem de ser sério, mas mesmo assim há uma técnica de gestão da emoção notável para corrigi-los: exalte quem erra para depois tocar no erro. O gatilho da memória vai detonar, abrir uma janela light contendo a capacidade de acolher para corrigir. A âncora vai focar nessa área, e você não será invasivo, mas construtivo. Sabe quantas lágrimas, assassinatos, suicídios e guerras poderiam ser evitados se reis e súditos, se casais e professores, se pais e filhos aprendessem essa técnica? Incontáveis.

Treine corrigir sua miopia emocional diante dos defeitos dos outros e ser bem-humorado dia após dia. Sua saúde mental e a de quem ama nunca mais serão as mesmas.

Não cobrar demais de si mesmo

Pessoas notáveis para a sociedade e para sua empresa podem ser automutiladoras, implacáveis com os próprios erros, péssimas para cuidar de si. Você cobra demais de si? A maioria dos melhores profissionais é seu maior carrasco. Quem cobra demais de si não precisa ter inimigos ou desafetos para se perturbar, ele será seu próprio sabotador e estressador.

Todo ser humano, jovem ou adulto, que é incapaz de dar risadas de alguns de seus pequenos defeitos é um construtor de seus presídios mentais. Todos odeiam presídios, mas os seres humanos são especialistas em construí-los no próprio cérebro. Errou? Reinvente-se. Tropeçou? Não lamente, levante-se e continue. Chorou? Use as lágrimas para irrigar sua sabedoria. Foi frágil e fracassou? Não será a última vez. Escreva os capítulos nobres em seus dias mais tristes.

Quanto mais as pessoas exigem de si o heroísmo, mais formam plataformas de janelas traumáticas no inconsciente, as quais aumentam suas expectativas. Os anos passam, os cabelos embranquecem, e elas se tornam ansiosas, insatisfeitas, rápidas em reclamar e lentas para agradecer. Entenda que a vida é uma brincadeira no tempo, que apresenta algumas coisas sérias, que devem ser trabalhadas com maturidade, mas muitas outras que devem ser encaradas com sabedoria, leveza e bom humor. Inverta essa equação e você adoecerá.

Não cobrar demais dos outros

Quem cobra demais de si e dos outros não tem gestão da emoção, está apto para trabalhar numa financeira, para cobrar dívidas, mas não para construir uma família alegre, bem-humorada, saudável e saturada de amor. Pais que chegam em casa e começam a fazer cobranças sem primeiro dar abraços e fazer elogios não encantarão seus filhos nem impactarão o processo de formação da personalidade deles.

Casais que se tornam criticistas traem seu amor. Não se trai apenas sexualmente, se trai muito mais quando se torna um especialista em discutir por bobagens e apontar falhas. Por fim, todo cobrador se torna insuportável, nem ele se aguenta, pois esgota o próprio cérebro.

Treinar para distribuir palavras como "parabéns", "você foi demais", "excelente", "notável" em vez de cobranças contínuas ou de uma postura indiferente mostra quem é mentalmente saudável e de fato ama em primeiro lugar sua família.

Reciclar o lixo mental

Ninguém gosta de lixo na cozinha, por isso ensacamos e retiramos tudo que é descartável, mas é inacreditável convivermos com montanhas de lixo na cozinha da mente humana – autopunição, autocobrança, pensamentos asfixiantes, sofrimento pelo futuro, preocupações excessivas – e não sabermos o que fazer com ele. Nem ao menos temos consciência de que esse lixo é registrado pelo biógrafo do cérebro, o fenômeno RAM, e não pode ser deletado.

De todas as ferramentas de gestão da emoção, nenhuma é tão impactante quanto impugnar, confrontar e discordar de pensamentos e sentimentos perturbadores no silêncio psíquico. É um instrumento poderoso de higiene mental. Lembre-se da técnica D.C.D. (duvidar, criticar e decidir). Use-a diariamente.

Centenas de milhões de pais e filhos, professores e alunos, executivos e colaboradores nunca fizeram uma higiene psíquica sequer, jamais reciclaram seu lixo mental. Não entendem que o fenômeno RAM (registro automático da memória) é implacável, vai formando arquivos doentios, janelas killer, que pouco a pouco nos adoecem. Nada é tão insano, desinteligente e desumano quanto ficar passivo diante das próprias mazelas psíquicas. Nada adoece tanto.

Fazemos higiene corporal e bucal todos os dias, mas ficamos inertes em nossa mente, acumulamos crostas em nosso córtex cerebral. A prevenção, como proponho mediante a utilização das ferramentas de gestão da emoção, não é apenas importante – é essencial.

5

O amor começa pela emoção e continua pela admiração

Uma pessoa admirável é amada pelo que é, não pelo que tem

por Augusto Cury

Felicidade é uma palavra muito fácil de dizer, está nos dicionários, nas poesias do mundo inteiro, nos romances, nas letras de música, mas é extremamente complexa de definir. O que é ser feliz? Ser feliz não é ter sucesso sem fracassos, alegrias sem lágrimas, ganhos sem perdas, tranquilidade sem estresse, relações sem frustrações. Ser feliz significa ter coragem no desânimo, esperança no caos, crença de que os melhores dias estejam por vir. Ser feliz é contemplar as pequenas coisas como um espetáculo aos olhos, fazer muito do pouco, se curvar em agradecimento e fazer da vida uma eterna brincadeira.

Ser feliz e saudável emocionalmente é ser sempre jovem, mesmo que os cabelos embranqueçam e a força muscular se dissipe. É namorar a vida, é cobrar menos e apostar mais, reclamar menos e comemorar mais.

Não há felicidade humana regada a prazer, alegria e sorriso permanentes. Essa felicidade está nas páginas nos livros, mas não nas páginas da personalidade humana; está nos versos das músicas e nas histórias dos filmes, mas não no roteiro do planeta emoção. Não é possível falar de felicidade sustentável nem de famílias felizes sem tocar na relação que temos primeiramente conosco.

Quem é implacável consigo tem grande chance de sê-lo com os outros. Quem é rígido consigo será radical com os outros. Quem se sabota tem grande possibilidade de bloquear quem ama. Não é possível desfrutar de uma felicidade humana sustentável se não conseguimos nos abraçar, ser tolerantes conosco, nos encorajarmos a não desistir dos nossos sonhos.

Já comentei, mas é importante recapitular: muitos têm cama, mas não dormem porque têm uma mente acelerada, que fica exibindo problemas que poderiam ser resolvidos no outro dia. Os copilotos do Eu usam os instrumentos de navegação da aeronave mental e aceleram dramaticamente a construção de pensamentos, levando-nos a ter fadiga ao acordar, dor de cabeça, irritabilidade, dificuldade de conviver com pessoas que não correspondem às nossas expectativas, déficit de concentração e de memória. Lembre-se sempre de que uma mente hiperpensante prejudica a produção de melatonina, a molécula de ouro para induzir e estabilizar o sono. Pode ser importante em alguns casos usar um suplemento de melatonina, mas o problema é a mente continuamente superagitada e superexcitada que esgota o cérebro. Como está a sua mente?

Conforme comentei, como vamos querer que as crianças sejam calmas e empáticas, não se agitem, não se inquietem, não queiram fazer mil coisas ao mesmo tempo, se na primeira infância elas já têm mais informações que Sócrates, Platão, Aristóteles, Pitágoras? Quase impossível. Essa quantidade de informações no córtex cerebral faz com que os copilotos do cérebro (gatilho, janelas e âncora da memória) disparem numa velocidade jamais vista.

Se eu movimentar meu dedo indicador na frente de seus olhos de forma lenta, você poderá vê-lo à sua esquerda ou direita; mas se eu aumentar muito a velocidade, você perderá os parâmetros. Essa é uma metáfora sobre o aceleramento da construção de pensamentos, gerando a perda dos parâmetros para o desenvolvimento de autonomia, autocontrole, paciência, liderança de si mesmo. Psiquiatras, neurologistas e pediatras nos Estados Unidos, na Europa, na Ásia e tantos outros lugares estão confusos, não entendem que mexemos na caixa-preta do funcionamento da mente e esgotamos o psiquismo dos nossos filhos, alunos e o nosso próprio.

A felicidade sustentável precisa dos papéis do Eu como gestor da mente humana bem trabalhados. Caso contrário, haverá uma flutuação emocional doentia, de manhã a pessoa está tranquila, na hora do almoço está tensa, à tarde está muito ansiosa e a noite está insuportável, nem ela mesmo se aguenta. Mentes calmas são raras como diamante. É preciso treinar para desacelerar a mente, fazer coisas agradavelmente lentas, curtir o processo.

Tem gente impulsiva que diz: "Dr. Cury, eu não levo desaforo para casa". Eu olho para essas pessoas e digo: "Claro! Você é um desequilibrado, não leva desaforo para a casa física, mas leva para a sua casa mental", pois o biógrafo do cérebro, o fenômeno RAM, registra diversas janelas asfixiantes na mente dos impulsivos. Uma mente acelerada reage pelo fenômeno bateu-levou, retroalimenta a ansiedade, ama as discussões.

Há políticos de direita e de esquerda que vivem tão mentalmente agitados que amam discutir, são distribuidores de críticas e não de elogios, têm a síndrome da dependência do opositor, não conseguem viver um sem o outro. Não entendem que só é digno do poder quem é desprendido dele. Falam pouco dos projetos a médio e longo prazos, mas precisam sempre falar mal do seu oponente para poder existir. Por fim, por não conhecerem os bastidores da mente humana, fazem o que detestam, um acaba promovendo o outro.

O que fazer? Paralisar-se de medo diante das crises políticas? Não. Melhor trabalhar, ousar, se reinventar, inovar, pois no fim quem paga suas contas é você. Quem espera o céu de brigadeiro na política para poder empreender será no máximo um líder mediano, nunca será um grande líder, pois não entende que quem vence sem riscos triunfa sem glórias.

Seja uma pessoa admirável

Ser uma pessoa admirável é raro como ouro. A maioria dos líderes, dos pais, dos educadores e dos casais não têm tempero, para não dizer que são chatos, entediantes, cansativos. Quando abrem a boca, já se sabe tudo que vem pela frente.

Quando alguém elevar o tom de voz, baixe o seu. Você tem que decidir: ou ganha a discussão ou ganha o coração. Não é baixar o tom por se intimidar, mas para revelar sabedoria, para o Eu desempenhar o papel de líder da mente nos focos de tensão. A melhor resposta não é dar respostas imediatas. É surpreender positivamente.

Entenda que ninguém muda ninguém, temos o poder de piorar os outros, não de mudá-los. A melhor forma de fazer com que pessoas teimosas fiquem superteimosas é pressioná-las. Quer que uma pessoa lenta seja mais irritante para você? Reclame dela continuamente, ela registrará janelas que financiarão ainda mais a lentidão.

Contudo, não estamos de mãos atadas. Podemos contribuir para que as pessoas se reciclem se formos líderes de nós mesmos, em destaque líderes surpreendentes. Se aprendermos a aplaudir pequenos comportamentos saudáveis que passam despercebidos. Se você achar que não há nada para aplaudir, talvez seu Eu seja míope.

Por falar em liderança surpreendente, deixe-me contar uma história. Uma mulher veio a mim e reclamou do marido, dizendo que ele era muito ansioso e complicado. Eu disse: "Se você escolheu alguém muito ansioso e complicado, você não deve ser tão fácil. E ele vai ficar mais complicado e agitado se você usar antitécnicas de gestão da emoção. Mude a tática". E sugeri: "Comece fazendo uma festa de aniversário surpresa para ele em breve". "Mas o aniversário dele é daqui a seis meses." "Ótimo! Melhor ainda, faça na semana que vem." Ela deve ter pensado: "Esse psiquiatra não está mentalmente bem".

Ela me ouviu e fez a festa de aniversário para aquele homem estressado. Ele chegou em casa e estava tudo escuro. Imagine o cérebro dele. O gatilho detonou, abriu uma janela killer porque a luz estava apagada, a âncora fechou o circuito da memória, e ele ia ter mais um ataque de irritabilidade. De repente, a esposa acende a luz e começa a cantar *Parabéns* com as crianças.

Continue imaginando a cena. Ele quase infartou. Aproximou-se da esposa e perguntou: "Você está ficando louca, querida?". Fazia muito tempo que ele não a chamava de "querida". Ela continuou cantando com os filhos. Subitamente parou e respondeu: "Não estou cantando *Parabéns* para você porque esteja ficando louca, mas para aplaudir a sua presença. Sem você, nosso céu não teria estrelas". Claro, ela ainda pensou "não teria tempestades também", mas isso ela e ele estão cansados de saber. Ela completou: "Muito obrigada por fazer parte da nossa história". As crianças ficaram felicíssimas, começaram a entender que a festa é trivial, mas homenagear quem amamos é essencial.

Aquele homem pouco a pouco não foi mais o mesmo, pois registrou uma janela light, saudável, duplo P, com o poder de ser encontrada como agulha no palheiro do cérebro e o poder de ser retroalimentada. Por incrível que pareça, entre os mais de oito bilhões de seres humanos, raramente algum faz festas ou elogios fora de datas previstas. São mentes engessadas. Não têm gestão da emoção para serem impactantes e admiráveis. E você, é previsível ou admirável?

Se você reparar nas pessoas que marcaram sua história, vai perceber que foram aquelas que mais o surpreenderam de alguma forma. Porém, sinceramente, somos comuns demais. Faça festas fora de data. Dê flores em dias inesperados. Diga palavras nunca expressas, como "obrigado por existir" ou "de todas as coisas que conquistei na vida, você é a melhor delas". Sua história será um espetáculo de estresse e atritos ou um show de prazer e leveza. A escolha é sua.

Toda pessoa surpreendente é agradabilíssima. Certa vez, minha filha Camila, na época com 15 anos, veio a mim e falou: "Papai, você dá tantas conferências, atende tantos pacientes, fala com tantas pessoas, mas ultimamente não tem falado comigo". O que você faria se errasse numa área em que é especialista? Normalmente nos defendemos. Uma pessoa que se defende de maneira inteligente tem um Eu maduro, mas uma pessoa que se defende demais é imatura, infantil, radical, não reconhece seus erros e não se reinventa.

Olhei nos olhos de minha filha e pedi sinceras desculpas. Então disse a ela: "Você tem razão. Ainda que eu tenha pouco tempo, nada justifica que eu não tenha um tempo de qualidade para explorar quem é você, quais são seus sonhos e pesadelos e o que eu posso fazer para torná-la mais feliz". Pedi para ela olhar para o céu, era uma noite estrelada, e falei: "Escolha uma estrela, minha filha".

Com os olhos lacrimejando, ela escolheu uma estrela brilhante, e acrescentei emocionado: "De hoje em diante, essa estrela será sua, mesmo quando eu fechar os olhos para esta vida, essa estrela estará brilhando dentro de você, dizendo que eu jamais vou esquecê-la. Quando você deparar com problemas, não tenha medo da vida. Tenha medo sim de não vivê-la de maneira inteligente. Não tenha medo do caminho, tenha medo de não caminhar".

Então abracei minha filha e chorei com ela. Camila nunca se esqueceu de que, no momento em que o pai errou, embora fosse um psiquiatra reconhecido, admitiu o erro, pediu desculpas e deu a ela uma estrela para corrigir o erro, neutralizar sua dor e demonstrar o valor inexprimível valor dela. Não dei o que o dinheiro pode comprar, como aparelhos eletrônicos e roupas de marca, dei a mim mesmo, minha história, minhas lágrimas, minha essência.

Tempos depois, minha filha foi estudar no Canadá. Essa bela nação é considerada o segundo país em qualidade de vida do mundo, mas não em qualidade de vida emocional. Os índices de suicídio são muito altos, os pais quase não dialogam profundamente com os filhos, não os encantam e não se fazem admiráveis para eles. Por conhecer e utilizar ferramentas de gestão da emoção, Camila contagiou positivamente muitos canadenses e também jovens da Coreia, do Japão e da China que lá estudavam. Não poucas vezes ela disse: "Meu pai me deu uma estrela no momento em que falei que ele não dialogava comigo".

Na hora de Camila embarcar de volta para o Brasil, eu estava lá e vi dezenas de jovens chorando copiosamente porque ela estava partindo. Minha filha deixou um legado, o maior legado que um ser humano deve deixar, um legado no território da emoção de quem está próximo. Um legado que ouro e prata não podem comprar. Hoje Camila dirige o maior programa de educação socioemocional, com mais de 500 mil alunos e mais de cem psicólogos sob sua orientação e um milhão de pais alcançados. Ela é um ser humano e uma executiva admirável (@camilacuryoficial).

As ferramentas dos seres humanos admiráveis

Todas os papéis do Eu e as ferramentas de gestão da emoção são fundamentais não apenas para promover mentes saudáveis e construir relações ricas, mas também gerar seres humanos admiráveis. É possível avançar, e o faremos neste capítulo.

Você é uma pessoa admirável ou tolerável para sua esposa, seu marido, seus filhos, seus amigos, seus colaboradores? Quando você surge no ambiente você é marcante ou indiferente, liberta as ideias ou as cerceia, inspira ou asfixia a liberdade nos outros, encanta as pessoas ou elas torcem o nariz com sua presença?

A personalidade de uma pessoa admirável é composta por muitas características já descritas. A seguir citarei novas e reafirmarei algumas que podem fazer toda a diferença em nossa história como seres humanos e atores sociais. Espero não apenas que os adultos, mas também as crianças e jovens sejam treinados nessas habilidades do programa de gestão da emoção.

Marque um "x" nas características de pessoa emocionalmente saudável e admirável que você julga ter:

( ) Abraça mais e julga menos.

( ) Não é repetitivo quando corrige alguém, fala apenas uma vez.

( ) É bem-humorado, não leva a vida a ferro e fogo.

( ) É flexível e crítico do radicalismo, mutável diante do razoável.

( ) Treina a arte da tolerância, não se perturba muito quando contrariado.

( ) É rápido em compreender e perdoar e lento em excluir e condenar.

( ) Não vive sofrendo pelo futuro, mas desfruta do presente.

( ) Não discute por pequenos estímulos estressantes.

( ) Treina a arte da empatia, sabe se colocar no lugar dos outros.

( ) Reconhece seus erros e sabe pedir desculpas.

( ) Não tem a necessidade neurótica de ser o centro das atenções.

( ) Não tem a necessidade neurótica de mudar os outros.

( ) Sabe ouvir mais do que falar.

( ) Distribui mais elogios do que críticas.

( ) Exalta quem erra para depois tocar no erro.

( ) Vê um charme nos defeitos suportáveis dos outros.

( ) Sabe namorar a vida.

( ) Não compra emocionalmente aquilo que não criou, como ofensas e rejeições.

( ) Não cobra demais dos outros ou de si.

( ) Não tem dificuldade em conviver com pessoas lentas.

( ) É capaz de baixar o tom de voz quando alguém eleva o seu.

( ) Tem autocontrole, é líder de si mesmo antes de liderar outros.

( ) Recicla seus pensamentos perturbadores.

( ) Tem consciência de que a mente mente, duvida de tudo que o controla e é doentio.

( ) Contempla o belo, faz das pequenas coisas um espetáculo aos olhos.

( ) Não fica no celular quando está com outras pessoas.

( ) É crítico da ditadura da beleza, entende que beleza está nos olhos de quem vê.

( ) Não é agitado, tenso, ansioso.

( ) Não tem aversão ao tédio e à solidão, usa-os como instrumentos de navegação dentro de si.

(   ) Dá que o dinheiro não pode comprar, o capital das suas experiências.

Avalie sua pontuação. O escore que vou propor é extremamente imperfeito, até porque cada característica tem pesos diferentes.

Se tem cinco características bem trabalhadas em sua personalidade, você é medianamente admirável e está no caminho saudável. Saiba que muitos, infelizmente, têm poucas dessas características. Se tem entre cinco e dez características, você é razoavelmente admirável e tem uma saúde emocional ganhando musculatura. Entre dez e 15 características, você é admirável, uma pessoa muito querida, inclusive por si mesmo. Se tem entre 15 e 20 características, você será inesquecível. Será amado pelo que é e não pelo que tem. E também tem saúde emocional, desde que duvide de tudo que o controla, recicle o lixo mental, não cobre demais de si e dos outros, não seja radical e não discuta por bobagens, pois essas características são fundamentais para a saúde mental.

Se você tem pouquíssimas dessas características, não desanime. Talvez até você tenha dificuldades para suportar sua rigidez, mau humor, criticismo, inquietação, irritabilidade. Mas reitero, não desanime, pois milhões de pessoas estão nessa situação. A boa notícia é que, usando ferramentas de gestão da emoção, você pode treinar diariamente seu Eu para desenvolver essas habilidades e se tornar um ser humano espetacular. Ainda que recaia, tropece, se perca em alguns momentos, você pode chegar a lugares inimagináveis.

Nunca se esqueça de que um verão não se faz com uma andorinha nem uma janela light solitária muda a personalidade, é preciso um bando de andorinhas, bem como uma plataforma de janelas saudáveis ou light. Dizer "de hoje em diante serei mais paciente, bem-humorado, tolerante, distribuidor de elogios, apoiador, etc." gerará janelas solitárias que não expressarão espontaneamente as mais notáveis habilidades socioemocionais. Vou dar outro exemplo de como construí minha família e eduquei minhas três filhas. Exemplos gritam mais do que palavras.

Sempre eduquei minhas três filhas a enxergar o belo onde ninguém o via. Certa vez, levei-as a uma casa velha e as provoquei, perguntando: "Estão vendo essas paredes rachadas? Que beleza há nelas?". Elas responderam: "Nenhuma". Então estimulei-as a ver o invisível. "Como assim? Não enxergam? Cada cicatriz esconde a força, o poder e a resiliência dessas paredes. Elas suportaram frio, tempestades, sol escaldante e não desabaram. Do mesmo modo, a vida é um contrato de risco, vocês poderão passar por dores e frustrações, às vezes ocasionadas pelas pessoas das quais menos esperavam, mas, ainda que adquiram cicatrizes, vocês não desabarão. Vocês serão resilientes como essas paredes." Elas ficaram fascinadas.

Todas as vezes que minhas filhas erravam, eu as encorajava a não se punirem, mas a usarem seus erros para serem melhores. Claro que às vezes colocava limites claros e definitivos, mas não era um cobrador ou um crítico. Contei a elas que no ensino médio eu era a segunda nota da classe, mas de baixo para cima. Não tinha foco e concentração. Ninguém acreditava em mim. Elas davam risadas. Contei que uni sonhos com disciplina e usei os deboches e frustrações para me construir e não me destruir. Vinte e cinco anos depois de ser publicado em muitos países, recebi o título de membro de honra de um instituto de sobredotados (gênios) da Europa. Todo ser humano tem uma genialidade que pode ser desenvolvida em alguma área, em destaque a genialidade para gerenciar o estresse, trabalhar perdas, se reinventar mesmo quando atravessa o caos.

Queria que minhas filhas transformassem perdas em ganhos, crises em oportunidades, fracassos em sucessos. Esse era o motivo de falar de minhas cicatrizes existenciais, meus desafios, das lágrimas que chorei e daquelas que não tive coragem de chorar. Elas passaram a me admirar pelo que sou e não pelo que tenho, por minha essência e não por minha fama, por minha generosidade e não por minha autoridade.

Onde estão os pais admiráveis, que, em vez de dar broncas, promovem a consciência crítica dos filhos, distribuem elogios, encorajam-nos a ter foco, disciplina e lutar pelo que acreditam, enfim, que dão o que o dinheiro não pode comprar? Lembre-se de que o dinheiro pode comprar belas casas e apartamentos, mas não pode comprar seu sono, sua saúde mental, bom humor, generosidade, empatia, otimismo, capacidade de encantar, influenciar e admirar.

Onde estão os cônjuges admiráveis, que são flexíveis, que dizem: "Onde errei e não soube? O que posso fazer para torná-lo mais feliz?". Onde estão os mestres inesquecíveis, que saem da era do apontamento de falhas para a era da celebração dos acertos? E os executivos notáveis, que impactam seus colaboradores por serem admiráveis e não autoritários? No Japão, na Rússia, China, França, Alemanha, Inglaterra, nos Estados Unidos, no Brasil? Eles são mais raros nesta sociedade ansiosa e intoxicada digitalmente do que as mais raras pedras preciosas.

De acordo com o programa de gestão da emoção, essas características dos seres humanos admiráveis contribuem não apenas para construirmos relações saudáveis, mas também para a viabilidade da espécie humana. Sem tais habilidades, nossa espécie destruirá o planeta mente e o planeta Terra.

6

A grande bola azul

O nosso endereço comum nos traz uma compreensão ampliada de lar

por Marcus Araujo

Olá, seja bem-vinda, bem-vindo ao nosso lar. Mas que lar é esse? Sei que você já deve ter pensado imediatamente em sua casa ou apartamento, onde provavelmente está confortavelmente lendo este livro, e já deve estar achando que estou sendo intruso ao chamar a "sua" residência de "nossa". Mas a minha pergunta é mais ampla: que moradia é essa que eu e você habitamos?

É uma bola gigante, azul, que viaja pelo espaço a 170 mil quilômetros por hora, e nós nem sequer sentimos. Mas estamos em pleno movimento no espaço, neste exato momento.

Pense comigo: fazendo algumas contas, os 170 mil quilômetros por hora significam 47 quilômetros a cada segundo, o que quer dizer que, em apenas 35 segundos, sairíamos do Rio de Janeiro e chegaríamos a Salvador, a essa velocidade.

O nosso único lar, essa bola gigante que chamamos de Terra, tem quatro bilhões e 500 milhões de anos. Essa é a idade do solo sobre o qual você está agora, onde recomendo com muita humildade que realize o singelo exercício de pisar algumas vezes. Vamos juntos? Pise. Pise. Pise. São 4,5 bilhões de anos! Há quanto tempo a casa ou prédio em que você mora foi construído? Diria que há uns 50 anos no máximo, talvez um pouco mais ou um pouco menos.

Qual a sua idade mesmo? E em quantas cidades ou lares você já morou? Vamos fazer um exercício? Para ajudá-lo a refletir melhor, em toda a minha vida eu já morei em duas cidades (distantes quase três mil quilômetros uma da outra), e passei por 23 moradias diferentes, tendo vivido em casas e apartamentos alugados e em alguns que eu e minha família construímos. Contudo, meu endereço é o mesmo que o seu, não importa se você vive em um bairro distante ou em um bairro central, em um local mais simples ou mais luxuoso. Nós todos moramos no mesmo lugar, estamos no mesmo "condomínio".

Agora, com a máxima certeza possível, posso dizer que nosso endereço comum nessa jornada, o chamado "lugar ao sol" dos ditos populares, fica a 149 mil e 600 quilômetros da nossa estrela, o Sol, que, por sua vez, está no Braço de Órion, uma região com muitas estrelas e planetas, que fica a 26 mil anos-luz de distância do centro da nossa galáxia, a Via Láctea. Não sabemos com exatidão, mas a ciência aponta a existência de outros cem bilhões de galáxias no universo, cada uma delas com bilhões de outras estrelas. Portanto, concluímos que estamos muito próximos uns dos outros. A distância de um terreno para outro, localizados no mesmo bairro, ou a distância entre os andares de um mesmo prédio residencial é praticamente nula diante dessa constatação. Realmente moramos no mesmo endereço, mas paradoxalmente estamos cada vez mais distantes dos nossos amigos, parentes e principalmente daqueles mais próximos, com quem dividimos o que chamamos de lar. Em minhas palestras pelo Brasil, em Lisboa ou Dubai, a simples compreensão desse fato já produz uma nova e imediata sensação de valor do morar nas pessoas.

Como foi possível você estar aqui hoje e habitar a sua residência? Trata-se de uma história fundamental que permitiu que eu, você e o Dr. Augusto Cury nos encontrássemos por estas páginas.

O início de tudo

Entre 12 e dez mil anos atrás, começamos a usar nossa inteligência para transformar os elementos da natureza a nosso favor e começamos a nos proteger, e aos nossos filhos e famílias, dos predadores e perigos da natureza. Éramos apenas cinco milhões de habitantes – segundo a maioria dos cientistas e historiadores – para aproveitar toda a grande bola azul.

Para que ficar no mesmo lugar se tínhamos tantas praias, mares e lagos, desertos, cachoeiras, planaltos e planícies, matas, geleiras, paisagens incríveis para contemplar e que sempre encheram nossos olhos de beleza? Sempre fomos muito curiosos e exploradores, sempre houve algo mais a se descobrir, como os picos mais altos e as profundezas dos mares. Então circulamos por toda a porção de terra seca possível, nos continentes que hoje chamamos de África, Ásia, Europa e Oceania, até que, de acordo com a história não escrita e há mais ou menos 14 mil anos, chegamos à América do Sul. E de acordo com a história escrita, na época das Grandes Navegações, por meio das caravelas movidas ao sopro dos ventos, chegamos quase por acaso aqui, há pouco mais de 500 anos. Posso afirmar que nossos antepassados provavelmente não tinham uma meta exploratória com alto índice de produtividade; muito mais do que isso, queriam descobrir, encantar-se com novas paisagens incríveis e aproveitar os alimentos que invariavelmente estavam ao alcance das mãos. O caminho era a meta e não o destino, até porque não havia um destino específico.

Nesses últimos dez mil anos, temos feito cotidianamente algumas das coisas que nós, humanos, mais adoramos fazer. São apenas cinco coisas: comer, beber, dormir, passear e procriar. Observe que o trabalho não está na lista – acredite em mim, ele não faz parte das coisas que mais gostamos de fazer. Mesmo que você o ame muito e seja um *workaholic*, palavra inglesa utilizada para descrever pessoas adeptas das atividades de trabalho em demasia, sinto informá-lo que trabalhar não faz parte dessa lista milenar.

Vamos falar sobre comer bem. Como é bom descobrir sabores, você não acha? Nós temos um paladar inquieto, adoramos experimentar novos sabores e aromas. Durante milhares de anos, percorremos a Terra descobrindo temperos, misturas entre eles, formas de preparar os alimentos, aprendendo e fundindo culturas gastronômicas. Hoje em dia não há uma pessoa sequer que vá a um restaurante famoso experimentar uma nova receita criativa e não fale: "Quero essa receita para fazer na minha casa"; entretanto, sabemos que muitas vezes essas receitas entram na lista dos desejos, mas jamais chegam a ser preparadas nas residências.

Como é bom beber, não é verdade? Precisamos da água em nosso organismo, já que ele é 70% composto por ela, e não conseguimos ficar sequer meio período do dia sem tomar um bom copo d'água, seja em temperatura natural, seja bem gelada. Nossos antepassados preferiam e precisavam sempre estabelecer comunidades e habitações em regiões próximas aos rios e fontes de água doce. Era a regra básica para uma comunidade ter chances de se desenvolver e prosperar. Hoje, porém, grande parte da população que vive nas cidades muito provavelmente nem pensa nisso, porque a água chega às residências sem precisar de esforço algum quando comparado a mil anos atrás: basta abrir a torneira e ela está lá, disponível. Você tem ainda a opção de comprar galões e garrafas com águas especiais, com alto valor agregado.

E o que dizer do dormir? É quando restabelecemos nossa energia. Posso dizer que não há lugar especial neste mundo, para onde você escolha viajar e descubra comidas e bebidas incríveis, do qual, depois de 20 a 30 dias, não deseje desesperadamente voltar para o seu quarto e sua cama, em sua moradia. É apenas ali que você consegue recarregar sua disposição para um novo dia repleto de desafios. Nem mesmo os famosos e confortáveis lençóis tecidos com algodão egípcio dos melhores hotéis do mundo proporcionam uma experiência tão agradável de descanso quanto a sua própria moradia.

Você provavelmente possui um smartphone e o recarrega todas as noites em uma tomada de energia elétrica que deve ficar a menos de um metro e meio de você para que, no dia seguinte ou a qualquer momento, o aparelho esteja pronto para você poder se comunicar com praticidade e agilidade. Posso dizer que neste mundo não há um recarregador da energia humana mais eficiente do que uma boa noite de sono no seu quarto, na sua cama, na sua casa, seja ela um palácio ou uma palafita. Embora adoremos passear e conhecer novos lugares, paisagens e culturas, os hotéis, as pousadas e os resorts são nossas casas temporárias quando estamos viajando; nenhum lugar neste mundo substitui um boa noite de sono em nossa cama, em nosso lar.

Agora, vamos refletir sobre a quinta coisa de que mais gostamos fazer: procriar e perpetuar a nossa espécie. Lembra-se de que há mais ou menos dez mil anos éramos apenas cinco milhões de pessoas morando na grande bola azul, ou seja, em todo o planeta? Pois é, hoje, incrivelmente, temos muitas cidades no mundo com mais de cinco milhões de habitantes, sendo que apenas duas delas estão no

Brasil, Rio e São Paulo (nessa última já temos 12 milhões de pessoas). Um caso especial, Chongqing, na China, tem mais de 31 milhões de habitantes, é seis vezes mais que a população que existia em todo o mundo há dez mil anos. Se, neste exato momento, você já pensou e se preocupou em como ter habitações para todas essas pessoas, pensou certo. Mas você já pensou em como todas essas pessoas precisam ter noites de sono agradáveis e serem felizes diariamente com aqueles que amam e dividem seus lares? A engenharia civil tem a capacidade de atender a demanda habitacional, mas como suprir a demanda socioemocional das pessoas?

Mesmo com esse aumento todo, pense que nos tempos remotos havia cinco milhões de pessoas para aproveitar o planeta inteiro. Os alimentos estavam sempre à mão, portanto, não havia escassez, dava para passear de lugar em lugar, percorrendo novas terras sem se preocupar em pertencer a lugar algum. Nosso perfil explorador, que gosta de viajar, naquela época estava em seu potencial máximo, já que havia muitas paisagens e lugares para descobrirmos.

Contudo, rapidamente os grupos humanos foram se tornando maiores e os alimentos ficando mais raros. Assim, precisamos inventar algumas atividades cotidianas. Criamos as tarefas domésticas que, por mais que se trabalhe muito em uma profissão, são sempre aquelas que ocupam grande parte do nosso tempo. Com essa invenção, começou a nascer o senso de comunidade e pertencimento territorial. E uma grande ideia surgiu: em vez de buscarmos novas regiões e esgotarmos seus recursos naturais, mudando de lugar assim que os recursos começavam a se acabar, seria melhor nos fixarmos em algum bom espaço de terra para nele produzirmos alimentos e nos reproduzirmos para aumentar o grupo, o que, por sua vez, tornaria possível descobrir e ocupar mais terras vizinhas.

A partir daí, demos um salto gigante na nossa história. No ano 1 da era cristã, há pouco mais de dois mil anos, já éramos 300 milhões de pessoas morando aqui na bola azul.

Mas, no nascimento do menino Jesus, segundo o texto bíblico, não havia hospedaria disponível na cidade de Belém, já que era uma época de peregrinação e recenseamento (Lucas 2:1-7). Você conhece esse trecho? Em um mundo com apenas 300 milhões de pessoas, moradia já era algo escasso. O casal teve que encontrar um estábulo para ter um teto, o menino nasceu, e seu berço foi uma manjedoura, que, conforme o dicionário, é o lugar onde cavalos, vacas e outros animais se alimentam. Todos os que nascem precisam de um quarto, que normalmente é preparado com todo o carinho pelas mães e pais, sempre pensando em algo muito melhor do que uma manjedoura, claro.

Para que você tenha uma ideia do que estamos falando, no Brasil de 2022 tivemos por volta de oito mil nascimentos por dia. Sim, isso mesmo, eu escrevi corretamente. Já imaginou a necessidade de novos espaços nas habitações? Façamos agora poucos cálculos: foram um milhão e meio de novos nascimentos no primeiro semestre (2022), e esse é o menor número registrado desde 2012. Foram 56 mil nascimentos por semana, levando-se em consideração um quarto de 12 m², temos novos 672 mil m² de área construída por semana como demanda futura por moradias. E isso ainda deve se repetir pelos próximos anos.

Já experimentou alugar um local para temporada de festas de fim de ano na vibrante cidade de Balneário Camboriú, em Santa Catarina? Ou nas temporadas de inverno em Gramado, no Rio Grande do Sul? É a mesma sensação: não havia disponibilidade no século 1 na cidade de Belém e não há disponibilidade no século 21 em Fortaleza, Natal ou Florianópolis.

Fincando raízes

Falemos da nossa história. Nós, humanos, fomos capazes de documentar os acontecimentos há cerca de dez mil anos, criando a escrita para registros formais. Assim fomos instruindo as gerações seguintes. E passamos a transformar os elementos da natureza a nosso favor, passamos a ser a forma de vida predominante, não apenas pela capacidade de pensar e criar soluções para os nossos problemas, dificuldades e necessidades, mas também pela capacidade de construir habitações seguras para os nossos descendentes. Hoje ditamos, literalmente, as ordens para todas as demais espécies no planeta. Naquela época constituímos as primeiras formações de grupos humanos, tribos, povos e reinos, organizados em grupos de maior porte, com mais de 100 mil pessoas. Como já falamos, a população global nessa época era estimada em cinco milhões de pessoas, e os grupos passaram a se organizar em territórios bem definidos. Quem conseguisse um bom pedaço de terra, capaz de produzir alimentos, e mantivesse a posse, ganhava porte e relevância.

A domesticação de cães nos proporcionou vigilância; a criação de bovinos (bois e vacas), ovinos (carneiros e ovelhas) e caprinos (bodes, cabras) nos abasteceu de leite e proteínas; as abelhas nos deram os açúcares do mel. O domínio da lavoura (iniciado pelas culturas de batata, trigo e milho) nos ofereceu os carboidratos. A invenção da escrita e o início da matemática trouxeram um avanço humano sem precedentes, que permitiu nossa fixação e expansão em um único lugar. Isso trouxe muito bem-estar, maior segurança para procriar e melhores condições de organização da vida em comunidade, com a criação de estruturas familiares e a cooperação dessas famílias entre si. Surgiram povos, civilizações, reinos, califados, cidades-estados e até os primeiros impérios.

Lembremos que durante muitos e muitos anos vivemos como exploradores, caçando animais e colhendo frutos de acesso mais fácil em pequenos grupos, sujeitos a riscos diversos (condições climáticas, escassez de fontes de alimento, ataques de animais de grande porte, como leões, ursos, tigres, e de grupos humanos rivais) e mudando de lugar de tempos em tempos, tão logo os contras se tornassem maiores do que os prós. À medida que se fixaram, tendo mais tranquilidade e previsibilidade para viver, os grupos foram crescendo, porque passaram a ser capazes de proteger seus territórios e suas famílias. Com mais gente, podiam produzir mais alimentos, formar e treinar exércitos e expandir os domínios territoriais.

A partir daquele momento, as pessoas passaram a ter um envolvimento muito grande com a construção dos seus lares. As famílias, as comunidades construíam suas próprias habitações, mesmo estando em território que pertencia a reis, nobres ou generais. Os proprietários permitiam essa ocupação desde que as famílias seguissem as regras estabelecidas e cedessem um percentual da produção de sua lavoura e/ou da criação animal como um imposto em troca de moradia em território seguro.

Construir seus lares com as próprias mãos trazia para as famílias uma grande conexão emocional com o lugar de moradia. Isso levou inclusive a uma estagnação da expansão geográfica humana. Os exploradores que antes percorriam terras, conhecendo todas as paisagens, os desertos, as florestas, trocaram tudo isso para cultivar a vida em um espaço específico. Foi o momento de fincar raízes, estabelecer uma comunidade formada pelos membros de diferentes grupos familiares, com todos juntos, uns ajudando aos outros, construindo seus lares. Assim criamos os lares, os laços de família e a intimidade, a tal ponto de os generais mais proeminentes ou os grandes exploradores desejarem o fim de muitas guerras ou expedições apenas para voltar para o convívio familiar.

O mundo imobiliário industrializado

Nós, humanos, somos muito inteligentes. Ao longo do tempo, sofisticamos e transformamos tudo para proteger a nossa vida e a de nossos familiares.

Por dezenove séculos, do ano 1 ao ano de 1850, fomos nos reproduzindo com mais tranquilidade e ocupando mais e mais a grande bola azul. Em meados do século 19 (1850), alcançamos uma população de um bilhão de pessoas. Nessa época estávamos desenvolvendo a Revolução Industrial, que começou na Inglaterra e disseminou-se pelo continente europeu. Descobrimos a energia a vapor, que pôde promover movimento mecanicamente; criamos e aperfeiçoamos máquinas e motores para modernizar a locomoção humana, substituindo a força dos animais que puxavam carroças e carruagens; fizemos as primeiras locomotivas a vapor, com seus vagões sobre trilhos, para interligar cidades; e passamos a acelerar a vida humana, ajustando os relógios em todo o mundo ao Meridiano de Greenwich, localizado na Inglaterra, mediante um sistema único de horas chamado GMT (Greenwich Mean Time), e industrializando todas as áreas das necessidades humanas.

As indústrias ofereciam emprego, mas as pessoas tinham que se deslocar do campo, onde trabalhavam em atividades rurais ou artesanais, para ficar próximas das novas oportunidades de trabalho e emprego. Assim, passamos a precisar urgentemente de milhares de novas habitações, criamos novas cidades e fizemos crescer aquelas que já existiam. Como não industrializar também a construção das nossas moradias? Nesse contexto, nasce uma nova indústria extremamente potente e poderosa, que perdura até hoje e está mais forte do que nunca, com milhares de profissionais competentes e esforçados pelo mundo, chamada de mercado imobiliário, que neste livro, por muitas vezes chamarei de mundo imobiliário.

Somos criadores de mundos de concreto e asfalto. Somos capazes de aperfeiçoar os elementos da natureza para criar casas, apartamentos, construções para o comércio, tais como supermercados e shopping centers, bairros, cidades e, mais recentemente, condomínios fechados, metrópoles e megalópoles que são verdadeiros mundos para as pessoas que ali residem. Se por um lado a invenção do mundo imobiliário, com toda a sua tecnologia e eficiência construtiva, proporcionou um acesso mais facilitado e rápido para milhões de famílias a casas e apartamentos, por outro separou o indivíduo e os pequenos grupos humanos do envolvimento direto com a concepção e construção de suas habitações. Da mesma forma que o artesão perdeu o controle das etapas da produção de calçados e outros artigos de vestuário personalizados para as fábricas, nós perdemos o vínculo com nossas habitações. A moradia deixou de ser o cenário de uma experiência memorável para ser um lugar onde entramos para dormir, muitas vezes mal, vindos do rush das cidades cada vez maiores e com mais trânsito, e do qual saímos entediados para um dia de trabalho.

O mundo imobiliário fez com que o planejamento e a construção de casas e apartamentos passasse a ser realizado por excelentes técnicos e especialistas como os que temos hoje no Brasil e no mundo, ancorados nos sofisticados cálculos da matemática, da estatística e das técnicas da engenharia. Seria esse o nosso destino? Renunciar ao vínculo emocional de participar diretamente da construção de nossas próprias residências e entregar tudo a uma indústria? A grande bola azul já não nos tinha ensinado tudo e deixado tudo pronto, bastando a nós seguirmos o modelo?

O exemplo que vem da natureza

Muitos seres vivos constroem seus lares na forma de tocas, como os tatus, ou debaixo de corais, como a moreia, ou ninhos em árvores, como os pássaros, para se proteger dos predadores. Nós fizemos o mesmo desde sempre. Afinal, o princípio é proteger nossas crias e perpetuar nossa espécie. A primeira necessidade é e sempre foi a nossa segurança e a daqueles que amamos. Depois vieram a praticidade e o conforto; muito depois vieram a sofisticação e o luxo.

Como os outros seres vivos, criamos nossas habitações para serem seguras. Em nossa fase de exploradores, utilizávamos grutas e esconderijos de pedra para nos proteger de predadores. Mas depois nos fixamos e, diferentemente deles, buscamos imitar o grande condomínio, a grande casa, a gigante bola azul.

Já no século 20, construímos condomínios que trazem entre seus atrativos opções de lazer absolutamente fantásticas, embora nada criativas. Pensem comigo: a piscina não é nada mais que a imitação simplificada de um lago. Os jardins das nossas casas e dos condomínios foram inspirados nas matas e na flora. Inclusive, ao longo de muitos séculos, domesticamos muitas das espécies das florestas e as trouxemos para dentro de nossas residências para atrair as abelhas e os beija-flores que tanto encantam nossos filhos e netos.

O que fazemos hoje, nos empreendimentos de casas e apartamentos atuais e do futuro, não é nada mais senão aquilo que a grande casa nos entregou: toda a natureza, que funciona em perfeita integração e harmonia. O planeta nos forneceu inspiração para que chegássemos até este momento, juntamente com o aumento da nossa capacidade de transformação e o nosso conhecimento de engenharia e negócios para produzir e comercializar habitações.

Quanto mais filhos, melhor

Após o ano de 1850, com um bilhão de pessoas na Terra, passaram-se apenas 50 anos para que a população saltasse para um bilhão e 600 milhões em 1901. Em mais um século – precisamente em 2001 –, o planeta atingiu seis bilhões de habitantes. Ou seja, em cem anos, geramos mais quatro bilhões e 400 milhões de pessoas.

Nossos avós foram os responsáveis pelo maior crescimento populacional humano já registrado na história da nossa espécie. No Brasil, o ano de 1920 foi determinante para a explosão de novos nascimentos. Os casais no início do século 20 apresentavam altíssima taxa de reprodução. O Brasil, por exemplo, saltou de uma população aproximada de 31 milhões para quase 52 milhões de habitantes em 30 anos, entre 1920 e 1950. Estamos falando de um crescimento de mais de 70%. A maioria das pessoas com idade hoje acima dos 45 anos, teve avós com grande número de filhos. No meu caso, minha avó materna teve nove filhos e filhas; já a paterna teve seis filhos. Nas minhas palestras, pergunto com frequência para quem está na plateia a quantidade de filhos das avós daqueles que nasceram antes do ano 2000. Cheguei a ouvir uma pessoa gritar lá do fundo: "Minha avó teve 26 filhos".

Ao nascermos, chegamos ao condomínio chamado Terra com limites bem definidos – nossa habitação – e conseguimos ficar por aqui por no máximo 100 a 120 anos – os que têm boa genética e a combinam com um estilo de vida saudável, tanto física quanto emocionalmente, conseguindo assim prolongar sua existência. No Brasil, temos 77 anos de expectativa de vida para aproveitar a linda bola azul. As mulheres brasileiras chegam aos 80 anos (IBGE, 2021). É muito tempo se comparado aos 50 anos que brasileiros e brasileiras podiam alcançar em 1950. Ganhamos 27 anos a mais, grande parte disso de permanência em nossas casas e apartamentos. Em novembro de 2022, o mundo ganhou o seu oitavo bilionésimo habitante e já pode ser considerado um planeta superlotado; segundo os cientistas, atingiremos 9,7 bilhões de habitantes em 2050.

A verticalização como solução

A superfície do planeta é extremamente escassa. Dois terços estão ocupados por água. O terço seco nem sempre oferece condições que nos permitam viver adequadamente. Precisamos estar próximos da logística de distribuição das necessidades humanas diárias.

Não podemos habitar toda a superfície do planeta. Temos que dividi-la com milhares de outras espécies, respeitando seu espaço. E um detalhe importante: a parte que nos cabe precisa ser ocupada com muita inteligência. Porém, isso é algo que não ocorreu até agora, dada a velocidade da explosão dos nascimentos ao longo do século 20, com seus mais de quatro bilhões de novos moradores. No Brasil, alcançamos mais de 200 milhões de habitantes em 2022, seguindo em ritmo acelerado de crescimento populacional mediante reprodução.

Esse mundo não permite outra saída a não ser a verticalização para abrigar os oito bilhões de habitantes – que serão mais de nove bilhões em 2050. As habitações verticais permitem duas soluções importantes para a grande casa: que os nossos amigos das outras espécies continuem existindo e que o próprio planeta tenha capacidade de se renovar em seus ciclos naturais de reposição dos elementos de que precisamos para a nossa existência. Oferece também a todos nós a possibilidade de viver em comunidade, em harmonia, em grandes aglomerações humanas, como muitas outras espécies da natureza nos demonstram de forma prática. Isso possibilita os encontros mais felizes das nossas vidas; grande parte de nossas filhas, filhos, netas, netos e melhores amigos provavelmente é fruto de algum encontro em uma data ao acaso, mas para cada um de nós muito especial, em uma cafeteria, ponto de ônibus, padaria ou barzinho por onde passamos antes de chegar em casa após um dia de estudos ou trabalho que parecia comum e cotidiano.

Há um outro benefício nisso tudo: a verticalização das habitações permite melhor administração dos custos públicos para manter as cidades em perfeita harmonia. Imaginem as cidades do Rio de Janeiro e São Paulo totalmente horizontalizadas, sem nenhum andar, nenhum edifício. Teríamos uma ocupação do solo tão grande que provavelmente observaríamos a junção da malha urbana de concreto e asfalto das duas cidades, o que tiraria a capacidade de respiro que a natureza precisa ter para repor todos os elementos de que necessitamos para manter nossa existência, tiraria o espaço de inúmeras outras espécies e ainda aumentaria absurdamente os custos financeiros e ambientais da coleta de lixo, por exemplo. Ou seja, seria demasiadamente caro e cansativo desempenhar uma única atividade, como a coleta do lixo. Imagine todas as outras providências de manutenção, a distribuição de água e de energia, as redes de serviços diversos, o abastecimento de alimentos e produtos e principalmente o acesso à internet.

Assim, o mundo imobiliário trouxe uma grande solução para a superlotação do nosso condomínio comum, chamado Terra, com sistemas de cidades mais eficientes e menos dispendiosos em relação a custo e tempo para manter nossas vidas em movimento. Contudo, o ápice da engenharia trouxe conforto, mas não trouxe satisfação, muito menos boa convivência entre vizinhos ou felicidade entre cônjuges e filhos.

Há um meme famoso e veiculado à exaustão nas redes sociais em que alguém vai até a varanda do apartamento na cidade grande, grita "Bom dia, vizinho!" e, antes de terminar de falar, já recebe de volta uns palavrões de um vizinho estressado.

A pandemia foi a gota d'água

Desde a década de 2010, com o agravamento da crise climática e ambiental no planeta, fruto das atividades humanas de expansão, e com um entendimento muito mais claro de que dependemos da natureza para a sobrevivência da nossa espécie, há um movimento consistente e crescente de pessoas, empresas, organizações da sociedade civil e governos cada vez mais engajados, de diferentes partes do mundo, em agir para preservar o meio ambiente e minimizar os impactos da ação humana. A partir de 2020, com a pandemia do coronavírus, nos demos conta de que, além de proteger a nossa grande bola azul, precisamos nos reconectar, nos reintegrar a ela. Todos nós sentimos a necessidade de estar mais perto da natureza – mesmo que você seja uma mulher ou homem de negócios ambicioso da geração X, você será impactado pela sua neta ou neto de seis aninhos, da geração alpha.

Tínhamos nos distanciado do solo a partir de 1857, com a invenção do elevador, morando em prédios por todo o planeta. Grandes edificações verticalizadas foram erguidas pela superfície da Terra, formando verdadeiros paredões da selva de pedra, como costumamos chamar. Manhattan, San Francisco, Hong-Kong, São Paulo, Cidade do México, Rio de Janeiro. Verticalizamos as moradias nas décadas de 1970, 1980, 1990; no século 21, temos Dubai, Cingapura, Tóquio e, no Brasil, Balneário Camboriú, a nossa estrela na alta verticalização. Contudo, a partir de 2020 muitas pessoas sentiram a necessidade de voltar a tocar o solo, sentir o cheiro da mata, escutar o barulho do vento e das ondas do mar, o cantar dos pássaros, o estridular dos insetos. Em outras palavras, renasceu em nós o desejo de ter contato com o chão tão antigo, de quatro bilhões e meio de anos.

A segurança física que tanto prezamos e que fortificamos ao longo de milênios, desde as cidades cercadas de muralhas até os condomínios fechados de apartamentos ou casas tão em voga nos últimos 50 anos, foi ameaçada por algo invisível aos nossos olhos – um vírus. Não importaram muros, grades, cercas elétricas, sistemas de câmeras e vigilantes treinados e capacitados – tivemos que nos dedicar à proteção da nossa segurança biológica. Nesse momento desejamos desesperadamente estar mais próximos da natureza. Por isso muitos preferiram uma casa em vez de um apartamento. E muitas pessoas nos Estados Unidos, na Europa, no Brasil, no Oriente Médio, na África, na Ásia e na Oceania desejaram ter uma reconexão com a grande casa.

No novo mundo pós-pandêmico, em que nossa espécie teve sua segurança biológica ameaçada mesmo com todo o avanço que a medicina já havia alcançado até então, tivemos a necessidade de nos reconectar ao solo, e muitas pessoas mudaram-se para casas. Casas que estavam encalhadas há anos, sem interessados, foram adquiridas ou alugadas em todo o mundo. As pessoas queriam terrenos maiores para ter mais contato com o planeta, com o solo e a natureza.

Uma amostra da vontade de se reconectar à natureza pode ser vista na relação que as pessoas têm hoje com os animais, principalmente as novas gerações. Muitas vezes, na década de 1980, quando uma abelha, por exemplo, entrava numa casa, a mãe logo se apavorava e, junto com os filhos, tentava espantar aquele pequeno inseto, geralmente usando um pano de prato. Quem não viu isso na infância? Quase sempre o inseto era levado ao fim de sua existência, e isso ocorria sem qualquer tipo de remorso.

No século 21, a importância das abelhas foi elevada à potência máxima, e não há pai, mãe, avô ou avó que ouse atirar algo em direção a esse inseto importantíssimo na natureza. Isso porque as crianças da geração alpha, nascidas a partir de 2010, conheceram as abelhas de um jeito diferente: nos filmes de animação lançados em escala mundial, em todos os cinemas, em todos os *streamings*, e ficaram amigas e sensibilizadas com a vida desses pequenos seres vivos tão importantes para a nossa natureza e para a nossa existência.

Hoje, se uma abelha visita nosso jardim ou a varanda de um apartamento econômico ou sofisticado, as crianças vão protegê-la de qualquer ataque. Quem se atrever a atacá-la será severamente punido pelo sentimento de tristeza dessas crianças por vários dias. Se uma colmeia é encontrada em sua moradia, você (ou o condomínio) precisa contratar apicultores para retirar todas as abelhas, com no mínimo 95% de êxito, para que seja considerado um bom vizinho e quase nenhuma delas fique para trás.

Veja como o nosso jeito de pensar e agir mudou: na década de 1980, era quase certo que uma colmeia seria apedrejada ou pior; não era incomum encontrarmos pessoas que ateassem fogo nelas. Felizmente esse tempo já passou. E foram as novas gerações, com sua sensibilidade e consciência, que criaram a pressão necessária para o fim de práticas desse tipo. As colmeias são exemplos de cooperação e objeto de contemplação para os nossos olhos; o mel produzido em seu interior tem sabor inesquecível ao nosso paladar e por muitos já foi cantado em músicas marcantes e descrito em poesias pelo mundo ao longo das eras.

Em uma palestra que fiz sobre esse assunto, um senhor que aparentava ter mais de 65 anos ouvia atentamente enquanto eu falava, mas meneava a cabeça em tom de reprovação; quando percebi, mencionei as crianças da geração alpha (nascidas a partir de 2010): "Vocês podem achar que esse assunto não importa, mas experimentem agredir ou matar uma simples abelha na frente de sua filha ou neta de 9 anos de idade e perceba o quanto ela ficará triste não só naquele momento, mas talvez por alguns dias e se lembrará disso por muito tempo". Ao final, aquele senhor me cumprimentou e chamou para falar mais sobre o assunto, para que pudesse ter experiências de vida mais marcantes com sua netinha. As abelhas e outros bichinhos foram humanizados nos desenhos e filmes do século 21, e as crianças desenvolveram grande respeito e carinho por eles.

Aprenda! Nos dias de hoje, em uma visita com intenção de comprar um novo imóvel, um casal com uma filha ou filho entre 6 e 12 anos dará muito mais importância a que os profissionais de atendimento e vendas falem que as abelhas frequentam os jardins da casa, do bairro ou do condomínio do que ao detalhamento dos metros quadrados do imóvel ou ao destaque aos vizinhos importantes que ali moram ou ainda ao tamanho da piscina do condomínio. Posso garantir que de agora em diante a maioria das pessoas não farão mais questão de ser vizinhas de um socialite, elas desejarão mais do que nunca serem vizinhas dos beija-flores, das garças e dos saguis.

Todavia, sabemos que o futuro não contempla a possibilidade de todas as famílias viverem em casas. Como mencionei, se resolvêssemos colocar todas as residências das cidades de São Paulo e Rio de Janeiro, incluindo todos os apartamentos existentes, no nível do chão, com certeza concretaríamos e ocuparíamos todo o espaço que existe nos mais de 430 quilômetros entre as duas metrópoles. Não sobraria espaço para o mico-leão-dourado, os saguis, a garça, o beija-flor e as abelhas. Todo o concreto armado existente na verticalização das duas metrópoles extinguiria completamente a Mata Atlântica sem nenhuma sombra de dúvida.

Portanto, o futuro da habitação está mesmo em um apartamento. Uma moradia, uma residência entregue com todo o avanço da engenharia, com toda a conectividade virtual proporcionada por redes de altíssima velocidade de transmissão de dados. Também teremos uma ampla e extensa rede de serviços disponível.

Nos próximos capítulos, faremos uma viagem fascinante, detalhando cada uma dessas grandes mudanças na evolução do nosso morar ao longo do tempo. Embarcar nessa aventura é o caminho para você descobrir a felicidade e o bem-estar no seu jeito de morar na grande bola azul.

7

O início da contemplação

Os primeiros endereços fixos surgiram com os exploradores contempladores

por Marcus Araujo

Ao longo de alguns milhares de anos, foi muito interessante para nós, humanos, aquilo que pôde ser considerado um avanço extraordinário nas nossas moradias: a capacidade de desenvolver, armar e desarmar tendas fabricadas com madeiras, cordas, palhas trançadas, tecidos e peles de animais. Vários povos da antiguidade, em muitas partes da Ásia e da Europa, foram considerados extremamente inovadores por essa capacidade especial de levar a habitação consigo ao longo de sua jornada.

Os grupos nômades viviam em busca de terras que dispunham de recursos naturais de fácil acesso para proteção e alimentação conforme a época do ano, mais precisamente de acordo com as estações que nós bem conhecemos: outono, inverno, primavera e verão. De preferência procuravam sempre o fruto mais próximo do alcance da mão e a caça mais abundante para evitar o gasto desnecessário de esforço. Por isso as regiões mais disputadas eram aquelas com alimento e água facilmente disponíveis e em boas quantidades.

As tendas foram consideradas uma das grandes inovações humanas por permitir o deslocamento dos grupos para um novo local assim que os recursos se esgotavam em determinado lugar. Podemos vivenciar um pouco dessa prática hoje em dia no camping, um hobby prazeroso para períodos de férias de muitas famílias pelo mundo. Há milênios, a casa que podia ir junto foi um grande avanço para enfrentarmos a falta de alimentos gerados pelas intempéries ou pela sazonalidade.

O crescimento demográfico dos grupos nômades foi aumentando ao longo do tempo, pois armavam suas tendas num local de fartos recursos e ali ficavam até os recursos diminuírem ou a estação mudar. Durante a permanência, que poderia durar vários meses ou até alguns anos, as pessoas tratavam de se reproduzir ao máximo para aumentar a capacidade de ocupação de mais terras e principalmente a capacidade de combate para defender os territórios ocupados do ataque de outros grupos, tribos ou reinos. Quando os recursos da região se esgotavam, era só desmontar as tendas, colocá-las nas costas, no lombo de animais ou em carroças usadas como meio de transporte e buscar outro local com boa oferta de recursos naturais.

O império de Alexandre, o Grande (356-323 a.C.), era considerado itinerante; quando territórios eram conquistados, governos de confiança do jovem imperador expansionista eram estabelecidos, mas ele quase nunca descansava, seguia em frente, sempre levando a estrutura de seu império nas costas. Em sua breve e impressionante jornada, manteve-se com seus exércitos em tendas, partindo da

Macedônia até a Índia, tendo difundido sua visão de mundo em todos os lugares conquistados. Criou cidades e fomentou habitações para seus súditos, mas indícios históricos demonstram que a felicidade ficou bem distante de sua família, de seus castelos e muralhas. O general mais cultuado da idade antiga e talvez da história humana tinha uma família estressada e estressante, ambiciosa e adepta de antitécnicas de gestão da emoção.

Ainda bem jovem, Alexandre foi capaz de domar o cavalo mais selvagem, Bucéfalo; contudo, mesmo tendo sido educado pelo professor e filósofo Aristóteles, não foi capaz de se libertar dos sentimentos de admiração e ódio simultâneos que nutria pelo pai, Felipe II, fomentados em sua infância e adolescência pelo convívio com sua mãe, Olímpia, que era agredida pelo esposo. O sucesso na conquista do mundo conhecido não garantiu o sucesso na vida familiar, marcada pelo descontrole emocional dele e de todos da família. O império das emoções de Alexandre pareceu estar sempre em ruínas.

Nos dias de hoje, com o apoio da tecnologia, já temos a primeira geração disposta a morar de forma itinerante, de verão em verão por exemplo, sem enfrentar invernos. Ouvi esse depoimento de uma pessoa que mora na Europa; V.T. relatou que prefere se transferir para moradias em países mais quentes, como o Brasil, durante o inverno. Como isso é possível? Um casal que mora em imóvel próprio em um país com invernos rigorosos pode optar por passar os meses de novembro a fevereiro no Brasil, em imóveis alugados nas melhores praias brasileiras, como Balneário Camboriú, Itapema, Itajaí e Porto Belo, no litoral catarinense, ou na Praia do Forte, no litoral baiano, ou na Praia do Preá, próximo ao Parque Nacional de Jericoacoara, no Ceará, morando por temporada em imóveis de excelente padrão, disponíveis para aluguel em plataformas digitais em escala global, e retornar à sua cidade na Europa entre os meses de março a outubro.

Seu imóvel no país frio também pode ser alugado para pessoas que queiram passar temporadas de inverno incríveis, fugindo do calor, e assim todos ganham com o novo estilo de viver. Se essas pessoas forem profissionais com clientes e negócios via internet, seus projetos e renda não serão afetados, bastando para isso se ajustarem ao fuso horário em suas atividades. Portanto, a ideia da casa desmontável do passado continua existindo em um novo formato. Muitos estão descobrindo essa possibilidade e sentindo-se à vontade para adotar o novo estilo de morar.

Entre 8.000 e 4.000 a.C., descobrimos uma outra solução. Em vez de armar e desarmar tendas e mudar de lugar cada vez que os recursos escasseavam, optamos pelo inteligente sistema da fixação territorial. Passamos a identificar todas as necessidades diárias do grupo, por menor ou maior que fosse, em termos de alimentos para continuar crescendo e, organizados sob lideranças estabelecidas, evoluímos para aglomerações maiores, formando os primeiros povos e reinos estruturados. Os elementos-chave para nos fixarmos foram a agricultura (a domesticação das plantas mediante o cultivo tornou constante a disponibilidade de grãos, frutas, verduras e legumes), a domesticação e criação de animais, formando rebanhos (para disponibilidade constante de proteína animal e apoio motriz nas atividades agrárias de preparo, semeadura e colheita), além da pesca nos mares e rios (outra fonte de proteína de grande escala) quando havia acesso a água.

Com isso, nossos antepassados garantiram a segurança alimentar de seus povos. A revolução agrícola só foi possível graças à nossa capacidade de observação, que nos permitiu entender os ciclos dos fenômenos da natureza (como chuvas e períodos de estiagem), as características do solo e quais culturas iam bem nele ou não, assim como quais animais eram mais propensos à domesticação. A essa altura, já não era mais interessante se arriscar por novas terras em busca de recursos e sim produzir os recursos necessários onde estivéssemos.

Nesse momento, demos início à era da contemplação. Estar no mesmo lugar por muito tempo permitiu às pessoas contemplar e observar a natureza – o movimento dos planetas e estrelas, criando guias para locomoção e navegação; os hábitos dos predadores, criando sistemas de proteção; os movimentos do Sol, definindo rotinas domésticas e de trabalho. Contemplar é observar em detalhe e com curiosidade até conseguir enxergar algo que não está visível de imediato. Vou lhe dizer: há algo em sua moradia que você ainda não observou o suficiente para descobrir, mesmo morando nela há muito tempo, e que pode aproveitar para desfrutar de momentos especiais. Faça o exercício e descobrirá coisas incríveis, que estão acima da funcionalidade dos móveis e equipamentos.

A contemplação do belo, ao longo de décadas tão destacada e defendida pelo Dr. Cury, propiciou a criação de muitas inovações e soluções para a vida humana moderna. Observei que um casal, C.M. e B., não se cansa de sentar-se ao quintal da casa por anos a fio para conversar sobre os dois, a vida, os filhos, os netos e as notícias do dia ou da semana. Eles ficam bem próximos ao pé de jabuticaba que também está ali há muitos anos. Nem sempre as conversas são agradáveis; contudo, casados há mais de 50 anos, sempre há um momento para os sorrisos, os elogios e o cuidado de um para com o outro. Isso pode ser promovido em qualquer família desde que as técnicas de gestão da emoção sejam aplicadas.

Após desenvolver um projeto de lindos apartamentos com o máximo de conforto que a engenharia pode proporcionar para famílias formadas por casal e um ou dois filhos, A.G., empreendedor imobiliário do Sudeste brasileiro, me perguntou: "O que você acha que falta em meu projeto imobiliário? Sinto que falta algo, mas já esgotei minhas ideias, e praticamente tudo que imagino algum concorrente já oferece". Rapidamente respondi: "Lugares convidativos para as pessoas se encontrarem e conversarem".

Depois da pandemia de Covid-19, qualquer cantinho vazio na área comum do empreendimento é um bom lugar para disponibilizar banquinhos e uma bela vegetação para que moradores de todas as idades de uma mesma família ou não se encontrem e exercitem as técnicas adequadas. Na década de 1980, os adolescentes adoravam se encontrar nas calçadas dos bairros pelo Brasil; na década de 2020, os jovens estão nos ambientes virtuais dos games on-line, e os pais estão preocupados, mas no máximo conseguem aumentar a repulsa dos filhos, que continuam em seus quartos, pois os pais não utilizam técnicas de gestão da emoção. Nos capítulos seguintes falarei mais sobre situações como essa e sobre como o mundo imobiliário pode salvar pessoas e famílias inteiras dessa e de outras situações.

A noção de terreno

A sedentarização dos grupos humanos aconteceu diretamente associada à necessidade de posse de mais porções da superfície da Terra. Aquilo que você busca hoje, no século 21, quando adquire uma propriedade de uma incorporadora ou construtora, é um reflexo dessa prática de milhares de anos atrás. Fomos ocupando áreas por toda a África, Ásia e Europa de maneira cada vez mais organizada. A ocupação do planeta e a posse dos territórios permitiram que criássemos os terrenos, espaços destinados a construções com finalidades específicas.

As pessoas que dominavam maiores quantidades de terrenos também controlavam os recursos naturais que ali estavam. Com isso, mais influentes se tornavam em seu grupo ou sociedade, pois controlavam o desenvolvimento da vida humana desde a natalidade, gerando novos habitantes e por fim mais exércitos para ocupar ainda mais terras. Recentemente observamos uma crise energética no continente europeu que resulta da falta e do controle de fontes de gás natural em larga escala e da dependência de um fornecedor que não faz parte da União Europeia. Na idade antiga, a capacidade de ocupar terras era diretamente ligada à capacidade de produzir tropas capazes de expulsar ou controlar os ocupantes originais – e acabamos de constatar que a mesma prática destrutiva continua sendo utilizada nos porões sombrios da era da hiperinformação, no terceiro milênio da nossa história.

A importância dos terrenos é imensa para nossa vida, é a unidade mais importante do mundo das habitações. É neles que hoje abrigamos importantes construções humanas – os hospitais, que são as casas dos enfermos; os estádios de futebol e ginásios poliesportivos, que são os espaços dos amantes do esporte e também de muitos espetáculos musicais; os teatros, onde mora a cultura; os templos e as igrejas, que são os lugares dos que têm fé; as escolas, que são as casas de quem aprende; os prédios públicos, onde se abrigam os prestadores de serviços do Estado que trabalham para servir a população. No Brasil, temos uma cidade erguida para ser a casa dos poderes federativos – é a nossa capital, Brasília, que abriga a casa do chefe do Poder Executivo, o presidente da República; a casa das leis, que é o Congresso Nacional; e a casa da justiça, o Supremo Tribunal Federal. Algo atemporal, que representa a nação e seu povo. Por fim, em todo o nosso território brasileiro, estão os bairros, os loteamentos, os condomínios de apartamentos e de casas onde estamos eu, você, nossos amigos e parentes.

Após o início da 1ª Revolução Industrial, da independência dos Estados Unidos e da Revolução Francesa no século 18, o terreno tornou-se um produto da era moderna. A propriedade privada foi uma criação do mercado imobiliário, mas a posse de terras está enraizada há milhares de anos em nosso comportamento e não renunciamos a um centímetro sequer de espaço na superfície do planeta. Você consegue admitir que o seu vizinho ocupe uma pequena porção do seu terreno para construir o muro da casa dele? Isso certamente será, no mínimo, motivo de uma discussão e até de ação judicial para que aquele único centímetro seja legalmente devolvido. Muito provavelmente será necessário o uso das técnicas do programa Mentes Saudáveis, Lares Felizes para haver um desfecho positivo.

A superfície do planeta é algo muito precioso. Atualmente, há países em conflito acirrado por controle de terras. Aliás, a superfície onde construímos nossas habitações é preciosa para todos os bilhões de seres vivos que habitam o planeta conosco.

O terreno permitiu que se definissem as cidades e seus impostos (como, no caso do Brasil, o IPTU, Imposto Patrimonial e Territorial Urbano), para que elas pudessem ser administradas e ter recursos para os serviços públicos tão necessários ao seu funcionamento. A noção básica de ocupação de um solo, de uma porção de terra, foi essencial para que um povo pudesse se organizar, produzir os recursos necessários para alimentar as pessoas e assim se desenvolver e se tornar um reino e até mesmo formar impérios e mais recentemente repúblicas e países. Fato é que a noção de terreno, nascida da fixação do homem à terra e do início da contemplação, gerou muitas descobertas importantes, mas o conforto trazido pelas habitações fez crescer enormemente a população mundial. Como já destaquei anteriormente, a quinta coisa que mais gostamos de fazer é procriar.

Conexão com o lar

Desde nossa fixação e o início da contemplação até a primeira metade do século 19 (1850), os indivíduos tiveram uma ligação íntima com as construções, com a edificação de seus lares. Eles participavam diretamente do desenvolvimento de suas casas; contavam com o auxílio de especialistas, mas estavam intimamente envolvidos com tudo relacionado a elas e à caracterização delas, respeitando, claro, o comportamento, as tendências e os métodos construtivos de cada época e de cada povo. Envolviam-se diretamente também na adequação das construções ao grupo familiar.

Recentemente, estive em uma habitação construída no século 19, no interior de São Paulo. Foi muito interessante, porque é uma casa originalmente erguida por imigrantes italianos em uma área rural. Chamou-me a atenção o fato de a casa ter uma configuração muito diferente da que estamos acostumados hoje em dia. Moravam nela famílias que não tinham parentesco direto, ligadas apenas pelo fato de serem imigrantes. Havia ali proximidade entre tais famílias, mas uma proximidade relativa. Eram sócias no desenvolvimento de alguma produção agrícola ou pecuária e vieram para cá em busca de oportunidades. Eram de ramificações diferentes, de famílias não diretamente relacionadas, mas dividiam a mesma casa num formato que respeitava a convivência.

Fiquei muito impressionado quando fui informado dessa peculiaridade, de que os quartos eram ocupados por grupos familiares distintos, sem parentesco, apenas com um propósito de desenvolvimento agrícola similar. Os residentes compartilhavam as áreas comuns da casa, e todas as refeições eram realizadas do lado de fora de uma cozinha enorme. A cozinha era utilizada por todas as pessoas que trabalhavam na fazenda. Achei muito interessante esse convívio e o uso de áreas comuns, ao mesmo tempo que os quartos eram ocupados por famílias distintas sem nenhum parentesco direto.

Isso me chamou a atenção porque essa prática antiga pode ser considerada uma senha importante para o futuro das moradias: o *coliving*, ou seja, o compartilhamento dos espaços entre pessoas que não são da mesma família, mas que utilizam áreas privativas exclusivas, como quartos e banheiros, e dividem todo o restante da habitação (cozinha, salas de estar, áreas para serviços e lazer). Há novos projetos incríveis nessa modalidade, atendendo indivíduos e famílias que querem viver nesses locais durante um período maior, que vai além de uma diária ou estadia de poucos dias, como uma temporada nos meses de verão, um semestre ou mais de um ano em determinado lugar. É uma visão de longa permanência (muito conhecida no mundo pelo termo em inglês *long stay*), mas sem o compromisso de se fixar por toda a vida.

Se até a primeira metade do século 19 participávamos ativamente da concepção e construção de nossas moradias, veremos no próximo capítulo que uma invenção revolucionária e o desenvolvimento do mundo imobiliário, com a produção em massa de casas e apartamentos, nos retirou essa possibilidade. Veremos ainda como o nosso jeito de morar evoluiu de forma surpreendente desde o século 20 e que o século 21, com lares e pessoas conectadas à internet, tem gerado os indivíduos mais solitários da história, mesmo morando e convivendo com seus familiares diretos.

8

O maior divórcio da história

A industrialização da construção das moradias nos privou de algo precioso

por Marcus Araujo

Em 1850, ano em que a população mundial atingiu 1 bilhão de habitantes, com o aumento da necessidade de moradias em virtude dos empregos na grande industrialização, a ilha de Manhattan, que é hoje um burgo (*borough*) da cidade de Nova York, passou por um problema bem interessante, que parecia comum nas cidades mais importantes do mundo daquela época. A cidade, que já era o centro financeiro dos Estados Unidos, precisava continuar crescendo. Já havia saltado de pouco mais de 60 mil habitantes para cerca de 516 mil habitantes entre 1800 e 1850, quase 860% de crescimento acumulado em apenas 50 anos.

A história nos mostra que a população da ilha continuou a crescer mesmo com o pouco espaço. O que estava prestes a acontecer ali seria a criação do modelo mundial de crescimento das grandes cidades em busca de solução para a explosão demográfica que ocorreria no século 20 e as necessidades de novas habitações. Em 1910, no início do século 20, Manhattan já somava impressionantes um milhão e 800 mil habitantes. Como foi possível abrigar tantas pessoas em uma ilha de apenas 59,1 km de extensão territorial? Apenas para comparação, a ilha de Florianópolis, no Brasil, tem 675,4 km² de extensão, sendo 11 vezes maior que Manhattan.

Adivinhe o que foi inventado em 1853?

Um senhor chamado Elisha Otis, exatamente na ilha de Manhattan, onde aparentemente não cabia mais gente, inventou um elevador capaz de transportar pessoas com segurança. A ideia de transportar pessoas através de andares já existia desde Roma, no século 1. Porém, foi com o invento de Otis, mil e 800 anos depois, que se deu início ao empilhamento confortável das moradias. A solução para abrigar com segurança e conforto tantas pessoas em uma pequena faixa da superfície do planeta, naquela ilha, foi adotada como modelo para a expansão mundial das nossas comunidades chamadas de cidades.

Para São Paulo chegar a 12 milhões de habitantes em 2022 foi adotado o modelo norte-americano. Há notícias de que no ano de 2020, apenas na cidade de São Paulo, havia mais de 77 mil elevadores instalados, ou seja, cerca de 156 habitantes por elevador instalado. Há a possibilidade de que esse número seja apenas 20% de todos os equipamentos com essa finalidade instalados no Brasil.

Hoje existem prédios de apartamentos com elevadores inclusive para os veículos dos moradores – acredite, esses equipamentos já estão em funcionamento no Brasil. Esse charme pode parecer um exagero para muitos, mas é uma das formas de apresentar soluções para que as pessoas possam ser surpreendidas. Todavia, a fórmula do conforto pelo conforto e do luxo pelo luxo, em uma competição desenfreada entre incorporadores do século 21, parece estar se exaurindo. Todos sabem que itens desse tipo nunca garantiram bem-estar e felicidade a nenhum morador desses locais. Em conversas com pessoas interessadas em casas ou apartamentos de altíssimo padrão, tenho ouvido frases como: "Nada disso me satisfaz, para mim a abordagem está completamente errada, mesmo tendo poder aquisitivo, o que eu quero é pôr o pé no chão e rolar na grama com meus netos".

O elevador possibilitou que Manhattan explodisse seu crescimento demográfico, pois permitiu uma aceleração da engenharia e da verticalização das construções, o que resolveu o problema da falta de espaço para a construção de mais moradias. Como expliquei anteriormente, a partir do século 19, ocorreu uma série de mudanças importantes no mundo, que, juntamente com a explosão populacional, impactou diretamente o nosso jeito de viver. Inventamos o mercado imobiliário com a criação e disseminação dos títulos de propriedade, criamos formas de financiamento para mais pessoas poderem acessar as novas habitações, começamos a industrializar a fabricação e a construção dos nossos lares, nos aglomeramos em cidades e verticalizamos nossas moradias com prédios, arranha-céus, graças à invenção de elevadores cada vez mais tecnológicos.

O pássaro conhecido como tecelão ou japim-soldado faz ninhos com estrutura incrível e artesanal; não é qualquer ninho, é algo que evoca um dos instintos mais ancestrais, o de proteção das crias contra predadores, instinto esse que a raça humana também tem. Em novembro de 2021, realizei uma sequência de imersões com profissionais do setor imobiliário; eles achavam que seria uma conferência em ambiente corporativo, mas eu os levei para bem longe da cidade, e uma das atividades mais importantes daqueles dias foi apresentar-lhes um ninho do pássaro tecelão. Eu falei: "Viram que estrutura perfeita de engenharia? Viram a segurança que essa moradia oferece?". O ninho feito com pequenos galhos, cipós finos e palha, em forma de gota, era de difícil acesso para um predador, pois situava-se na ponta da palma de um coqueiro. Eles ficaram chocados e impressionados. O que está em questão aqui é que fazemos casas e apartamentos utilizando o mesmo instinto primário dos tecelões e da maioria dos outros seres vivos. Contudo, somente o *Homo sapiens* criou a propriedade documentada de habitações, moedas e sistemas de compra, venda e aluguel de imóveis. Tecelões não fazem ninhos com acabamentos sofisticados para alugar para outros tecelões que não têm tempo de construir os próprios ninhos, abelhas rainhas não criaram tintas e sistemas de pintura para terem colmeias capazes de fazer inveja às vizinhas. E o mais importante, tecelões e abelhas não abandonaram a habilidade de construir as próprias moradias para terceirizá-la a outros exemplares da espécie, mas nós sim. Nos últimos 200 anos, nos desligamos completamente dessa capacidade.

Recentemente ouvi de uma jovem recém-casada sobre o marido: "Ele não sabe nem pregar na parede o quadro da nossa foto de casamento sem recorrer aos aplicativos". Aplicativos de serviços disponibilizam profissionais para resolver coisas simples que nas décadas de 1970 e 1980 eram resolvidas por qualquer pessoa da casa, mas que as novas gerações não sabem mais resolver. Em contrapartida, dedilham com maestria pelas telas dos smartphones e tablets e ensinam detalhes do funcionamento de aplicativos para seus pais e avós.

Entre 1900 e 1930, aconteceu o que pode ser considerado o maior divórcio da história: nós humanos desistimos de participar diretamente da construção, da elaboração das nossas moradas. Essa profunda mudança foi uma grande solução para a humanidade, deixando o recém-criado mercado imobiliário responsável por prover a construção das habitações. Porém, como toda tecnologia, essa novidade teve seus prós e contras, já que a industrialização retirou a conexão emocional das famílias com a construção de seu novo lar. Podemos afirmar que, a partir daí, começamos a ter menos contato com o solo, o chão de quatro bilhões e meio de anos, com a alta verticalização mundial. Partimos de um bilhão de pessoas no planeta em 1850 e avançamos rapidamente. Em 1900 já éramos um bilhão e 600 milhões de habitantes.

Apesar disso, a criação do mercado imobiliário foi muito necessária à medida que chegávamos a um bilhão de pessoas em toda a nossa história conhecida até 1850. Vamos lembrar também que, em pouco menos de 200 anos, entre 1850 e 2022, a população humana aumentou em sete bilhões de pessoas. Em 1822, o Brasil era um país jovem, recém-declarado independente. Quando o mundo se aproximava de um bilhão de pessoas, tínhamos por volta de cinco milhões de habitantes. Em 2022, no bicentenário da nossa independência, chegamos a mais de 200 milhões de habitantes. Ou seja, em 200 anos aumentamos em mais de 40 vezes a nossa população. Não há um lugar no mundo em que se dê um giro nos aplicativos de geolocalização e não se encontre uma estrada estreita e uma pequena habitação perto de alguma encosta, de alguma mata, de algum deserto ou mesmo de alguma geleira. Nós, humanos, verdadeiramente nos espalhamos por todos os cantos de nosso maravilhoso planeta azul.

Uma questão de números

Com a explosão populacional, reforçamos o quanto o mundo imobiliário industrializado se tornou essencial para a vida humana, mas também assistimos à amplificação e à concentração de altas doses de emoção vinculadas ao incrível momento da conquista das moradias, como uma espécie de tradução prática da tão sonhada e romantizada felicidade. Todavia, nos preocupamos muito pouco em entregar a felicidade sustentável para as famílias.

A compra de um único imóvel que seja costuma ser uma das mais importantes aquisições e a de maior valor agregado na vida da grande maioria das pessoas, seja nos bairros de moradias de padrão econômico, seja em bairros conhecidos como do mais alto padrão. No século 21, a indústria imobiliária precisa exercer a responsabilidade socioemocional e ajudar as pessoas a terem momentos cotidianos felizes e perenes. É preciso restaurar o vínculo das famílias com algo mais profundo, que eu chamaria de propósito de construir moradias, e não simplesmente tratar a necessidade humana da moradia como uma questão de números de déficit habitacional (falta de imóveis) ou de demanda imobiliária (aquisição de um novo imóvel melhor que o anterior).

O maior divórcio da história – o fim do vínculo emocional das pessoas com suas moradias – foi definitivamente acelerado neste século em razão do sistema de metrificação de tudo que se relaciona às moradias. No mundo inteiro, os atores do meio imobiliário (arquitetos, engenheiros, corretores de imóveis, incorporadores e construtores) começaram a diferenciar residências, apartamentos, terrenos a partir da configuração e tamanho de seus espaços. Tudo virou uma questão de números, pois era mais fácil para ser absorvido pelos fornecedores e até pelos consumidores das moradias. Qual das falas abaixo é mais simples e fácil de ser dita em uma apresentação de uma casa que está à venda? (Lembrando que essa apresentação normalmente é realizada por um profissional que tem pressa em realizar mais uma venda para um potencial cliente, o qual, por sua vez, está disposto a realizar o seu sonho de moradia e ser feliz). Vamos lá:

- ❖ Essa casa tem três quartos, uma suíte e garagens para dois veículos em 90 metros quadrados. Com uma parcela mensal de apenas "x" reais, ela pode ser sua agora.
- ❖ Essa casa tem uma ventilação fantástica, e aqueles arbustos com flores amarelas na verdade são damas-da-noite, que produzirão um perfume especial nas noites de primavera e verão ano após ano, proporcionado a você, sua família e amigos momentos únicos, que jamais serão esquecidos por toda a vida.

Eu sou estatístico e em 2023 completei 30 anos de atividade profissional, sempre cercado pelos números como pesquisador de mercado, pensador e futurologista do mundo das habitações. Ao longo desse tempo, realizei pesquisas com metodologia estatística sobre novas habitações, antes mesmo que elas viessem a ser construídas, no equivalente a quase R$ 900 bilhões em valor de mercado dos imóveis pesquisados. Entretanto, o número mais importante para dar embasamento a este livro é o seguinte: nos levantamentos científicos fundamentados em estatística, eu e uma equipe de profissionais pesquisamos 1.835.136 possíveis unidades residenciais em todos os cantos do Brasil. Tenho estudos sobre imóveis no pequeno município de Demerval Lobão, no interior do Piauí, assim como na avenida das Nações, na marginal Pinheiros da capital paulista, um dos endereços mais adensados do Brasil.

Minha vida profissional são os números, e tenho adoração por eles. Percebo claramente que houve um direcionamento do mundo imobiliário para dar uma importância desmedida a tudo aquilo que é metrificável, quantificável e, por conseguinte, comprável por qualquer um que tenha determinado poder aquisitivo para oferecer a contrapartida. Começou-se a vender apartamentos por quantidades de itens, como, por exemplo, metros quadrados, sempre atribuindo um valor maior para aquilo que oferecia mais espaço. As pessoas falavam de boca cheia que moravam numa casa de 400 metros quadrados. Outro parâmetro era o número de determinados cômodos que supostamente expressavam distinção, provocando os seguintes comentários de amigas ou amigos: "Ela é a mais chique, pois mora numa casa com quatro suítes", "ele mora em um condomínio gigante, com mais de 40 itens na área de lazer – salão de jogos, sala para games e academia".

Caímos num mundo imobiliário excessivamente cartesiano, como ocorre nas redes sociais, onde quem tem mais curtidas nas suas postagens ou mais seguidores no seu perfil é tida como a melhor pessoa. Na verdade, isso não significa absolutamente nada. Uma pessoa com apenas algumas dezenas de seguidores, basicamente sua família e seus amigos, pode ser tão ou mais especial ou ainda muito mais feliz do que aquelas que têm milhares de seguidores em seus perfis nas redes sociais.

Nos imóveis é a mesma coisa. O mundo imobiliário do século 20, particularmente o da década de 1990, representou a maior expansão da malha urbana mundial, mas promoveu o maior atraso imobiliário ao quantificar e qualificar as pessoas que podiam ter mais. Vinculou-se sucesso e felicidade a uma compra maior, de maiores quantidades (mais itens de lazer, metros quadrados, garagens, suítes etc.). Tornou-se um sistema ruim, baseado apenas em quantidades metrificáveis e não nas características inerentes ou essenciais à felicidade sustentável das famílias.

Quando se desfez nossa ligação íntima com a construção da própria moradia, nos afastamos do sentimento de pertencimento. Começamos a imaginar que a pessoa mais feliz seria aquela que possuísse muitos imóveis: um apartamento na cidade, uma casa na praia para as temporadas de verão e uma outra no campo para as temporadas de inverno, além de um escritório comercial para o próprio negócio ou para alugar para empresas. O que descobrimos agora, em pleno século 21, principalmente no mundo pós-pandemia, foi que esse sistema promoveu na verdade um ambiente altamente estressante para as famílias por terem que pagar taxas condominiais de tantas propriedades; enfim, um ambiente paradoxalmente propício à infelicidade. Em palestra na pujante Balneário Camboriú, ao falar sobre esse assunto, percebi que uma jovem de aproximadamente 32 anos estava aos prantos, chegava a tremer e segurar os soluços; sendo da geração Y (os millennials, nascidos entre 1980 e 1994), ela faz parte da geração provavelmente mais abandonada pelos pais em nome das conquistas do consumo, em especial das conquistas imobiliárias.

Na última década, nos anos de 2011 a 2020, as pessoas começaram a comprar imóveis desenfreadamente, na maioria dos casos sem pensar ou para poder se equiparar aos outros – ou ainda para se sentirem melhores que as outras famílias do mesmo círculo de relacionamento. Muitas vezes assumiam parcelas sufocantes, no limite de sua renda, submetendo-se a um estresse totalmente desnecessário, apenas para se destacar. Perderam a paz e a tranquilidade não por causa dos *haters* da internet, mas por causa da compra de uma moradia com uma parcela financeira no limite máximo do que podiam pagar ou até acima desse.

Um exemplo prático: um casal comprou um apartamento de três quartos, achando que teria o segundo filho; não tiveram o bebê, mesmo assim não trocaram o imóvel por um de dois quartos com suíte, que seria bem mais condizente com sua necessidade de espaço e situação econômica. Acontece que a questão da aparência foi mais forte – o casal teve a impressão de que seria rebaixado pela própria família e perante amigos e conhecidos por reduzir o tamanho do apartamento, ou seja, houve o receio de que as pessoas próximas pensassem que eles tinham caído de padrão ao optar por um apartamento de dois quartos.

E não é só impressão não. Aconteceu comigo na escolha do meu primeiro imóvel. Por volta de 1995, ouvi da minha querida avó materna, que nasceu em 1917, a pergunta sobre por que não morar em um apartamento de três quartos em vez de um de dois, porque era "mais legal". Como pessoa de uma geração anterior, ela naturalmente considerava que um apartamento de dois quartos era uma compra de alguém que não tinha poder aquisitivo adequado ou não era bem-sucedido profissional e financeiramente. Por essas e outras pressões sociais vindas da própria família ou dos agentes da indústria imobiliária, o palco da realização de um sonho muitas vezes se tornou o palco de um pesadelo interminável, que envolveu em não poucos casos a perda da capacidade de contemplar o belo e viver momentos prazerosos no presente sem se preocupar com o futuro, irritabilidade, ansiedade, discussões sobre orçamento familiar, perda do prazer de viver no imóvel tão sonhado e, consequentemente, abandono dos filhos, além de separações e divórcios.

Foco no essencial

O que o novo mundo – a partir da década que se iniciou em plena pandemia de Covid-19, no ano de 2021 – nos mostra é que a felicidade nunca esteve nas coisas metrificáveis das habitações. Não estava nas quantidades, mas no equilíbrio. Em rigor, a felicidade sustentável não está em bem algum.

Primeiramente, ao comprar ou alugar um imóvel, precisamos conquistar de forma prática não somente o nosso "lugar ao sol", mas a tranquilidade. Ela pode ser alcançada por meio de uma escolha correta da moradia, o que envolve uma forma de pagamento que caiba no orçamento e também as reais necessidades de espaço e proximidade a facilidades e serviços. Um casal com apenas um filho, por exemplo, não deveria comprar um apartamento com quatro suítes, pois teria muito espaço sobrando, além do risco de assumir parcelas mensais desnecessárias e outras despesas condizentes com o perfil desse imóvel maior, tais como impostos, taxa de condomínio, limpeza diária e manutenções. Todos esses gastos poderiam desorganizar as finanças; mesmo que a família tivesse a capacidade de pagamento, arcaria com despesas desnecessárias por toda a vida, sem utilização dos espaços a mais. Um apartamento entre 60 e 75 metros quadrados, bem planejado, resolveria muito bem suas reais necessidades e sobrariam recursos financeiros para férias e viagens divertidíssimas todos os anos e momentos de afeto e recordações inesquecíveis nessa moradia.

Para reforçar o que houve: com a industrialização ocorrida nos últimos 200 anos, as pessoas se desligaram da possibilidade de construir suas habitações e deixaram essa responsabilidade para a indústria da construção. A indústria precisou criar estratégias cada vez mais simplificadas de divulgação, e as abordagens de venda foram mais bem traduzidas em quantidades simples, trabalhando com o conceito de que as pessoas se sentiriam melhor ao adquirir quantidades maiores, difundindo a mensagem de que ser feliz quer dizer ter mais propriedades, mais cômodos na moradia, mais metros quadrados, estar nos andares mais altos dos prédios, com vista das varandas magníficas, enfim, ter mais e mais. Tudo para atender a megaexpansão humana de um para oito bilhões de pessoas no planeta alcançada em 2022. O século 21 nos trouxe dois bilhões de novos habitantes em apenas 20 anos, são como pássaros tecelões que não têm tempo ou se distanciaram da habilidade de construir seus ninhos.

As novas gerações vieram para mostrar que todo o sistema desenvolvido pelas antigas gerações pode estar equivocado. Os millennials (também conhecidos como geração Y), nascidos entre 1980 e 1994, difundiram na sociedade uma nova forma de pensar e de se comportar em relação às habitações, que é a de que devemos comprar apenas o essencial; afinal, os recursos do planeta são finitos, e as técnicas de gestão da emoção do Dr. Cury preconizam: "Sua paz vale ouro", mas a falta de dinheiro para pagar a parcela do imóvel pode furtá-la em segundos e se transformar em um pesadelo por longos anos. Essa geração viveu isso na pele, ao ver seus pais comprarem algo que era difícil de ser pago. Se querem ter apenas um filho, comprarão no máximo um apartamento de dois quartos com uma suíte, mas o item a que mais prestarão atenção para decidir por determinado imóvel poderá ser o pé de amora no pomar do empreendimento ou no quintal, em vez do tradicional tamanho do apartamento, item que foi muito importante para as gerações passadas. Para maior conforto, poderão optar por um apartamento de duas suítes. Pronto. Para que três quartos, se o terceiro não será utilizado com frequência? Para que 60 itens de lazer no condomínio, se vão usar apenas a academia, a quadra poliesportiva, o pomar e o salão de festas?

Para sentir-se bem e ter uma vida tranquila, faz-se necessário residir em uma moradia funcional, adequada ao que realmente se precisa. Na década de 1990 não havia influenciadores da internet especializados em ajudar as pessoas a organizar seus recursos financeiros – e o melhor, sem receber nenhum centavo de forma direta por isso –, pelo contrário, havia comerciais de TV que agiam como verdadeiros algozes do autocontrole, fazendo com que você se endividasse até mesmo com os famosos carnês de crediário.

A geração Y alcançou seu auge profissional por volta de 2015, e com isso começou a sentir a tradicional pressão social que cobra estabilidade, casamento, filhos. "Cadê meu netinho, minha netinha?", perguntam frequentemente os pais dos millennials. A partir de 2020, com idades entre 35 e 40 anos, os millennials chegaram para as incorporadoras e construtoras e disseram que não lhes interessava comprar um apartamento com três quartos porque planejavam ter apenas um filho, ao contrário das gerações anteriores, que tinham dois ou três filhos na década de 1980. A geração Y trouxe essa convicção, essa mudança de comportamento, de ter apenas o essencial para a aquisição do lar. Para eles, o ditado popular "tamanho não é documento" é algo muito prático e quantidade de metros quadrados não é sinônimo de sucesso, felicidade ou bem-estar.

Reconexão com o lar

Um fenômeno inesperado entrou na equação e mexeu com o cotidiano das pessoas e com o mundo imobiliário: a pandemia. Com ela foi criada a maior experiência de todos os tempos do ser humano dentro do seu mundo particular, reatamos o relacionamento profundo e íntimo com nossas moradias.

O período mais crítico foram os primeiros 240 dias, entre os meses de março e outubro de 2020, quando as pessoas tiveram de ficar reclusas e redescobriram seu lar. Encontraram defeitos e problemas que não enxergavam há anos. Buscaram e encontraram soluções que não imaginavam existir para os ambientes, mesmo morando no local há tanto tempo, como eliminar uma parede ou instalar uma iluminação diferenciada para participar de reuniões on-line de trabalho. Em poucos dias as pessoas reconheceram que precisavam dessas soluções, e elas mesmas promoveram essas melhorias, pois o convívio com fornecedores estava muito restrito.

Aí começou a grande movimentação que mudou novamente o curso da nossa história no mundo das habitações: a reconexão com o morar. O divórcio que nos separou do nosso lar pela industrialização ao longo dos últimos 200 anos foi anulado pelas próprias pessoas. Todos nós, em todo o planeta, e especialmente no Brasil, durante uma pandemia muito severa, nos reconectamos com nossa moradia, com nosso chão.

Quiséramos nós que todas as incorporadoras e construtoras chamassem as famílias dos clientes que esperam até 42 meses para terem seus imóveis prontos e entregues, para ter a experiência de assentar o último pedaço do piso cerâmico, do porcelanato ou do mármore de seus imóveis, não importando o valor do acabamento, como faziam os nossos antepassados até pouco tempo atrás, ajudando uns aos outros para construir a própria casa. Eu mesmo participei ativamente da construção de uma casa no início dos anos 1990, com a ajuda de especialistas, mas os amigos também ajudaram, jogando telhas para alguém apanhar lá no telhado; as esposas e os filhos acompanharam todo o processo, trazendo suco e água para refrescar o trabalho de todos e organizando o jardim. Imaginem o valor emocional disso. Um valor do qual o crescimento explosivo da indústria imobiliária nos separou, mas agora há a oportunidade de o setor atuar diferentemente, em genuína colaboração com os clientes.

O programa de gestão da emoção Mentes Saudáveis, Lares Felizes, de autoria do Dr. Augusto Cury e do qual tenho a honra de ser o curador, vai muito além do que jamais se imaginou. Preconizamos que morar bem começa em você e não no preço, nos acabamentos ou na quantidade de suítes que o seu apartamento ou casa tem. A competição por acabamentos de padrão cada vez mais alto, andares mais altos ou mesmo por ser vizinho de alguém famoso que mora no mesmo condomínio acaba quando a prioridade dos que constroem é você. Não me refiro ao número do seu CPF, mas a você que mora dentro de sua primeira casa neste mundo – seu corpo, seu templo (1 Coríntios 3:16-17).

A diminuição do tamanho das famílias

Nas casas e apartamentos construídos ao longo das décadas de 1980 e 1990, grande parte das unidades entregues foi de imóveis com três ou quatro quartos, para famílias grandes, com dois ou três filhos. Num futuro muito próximo, essas habitações se tornarão desnecessárias porque as famílias têm diminuído de tamanho rapidamente de 2001 para cá.

Até 2030, a família brasileira terá um tamanho médio abaixo de trêsd pessoas, o que significa menos de um filho por unidade familiar. Isso fará com que as moradias de quatro suítes deixem de ser importantes para a grande maioria das famílias no futuro. Moradias que têm capacidade muito baixa de alteração, com muitas paredes, por exemplo, perderão importância bem mais rapidamente, em especial porque as projeções estatísticas indicam que, a partir de

2059, iniciaremos o decréscimo da população brasileira interessada em adquirir imóveis (fonte: Datastore). No mundo, a previsão é chegarmos ao ano de 2100 com um decréscimo populacional substancial e sem precedentes na história. Isso não será causado por nenhuma grande guerra e sim pelo baixo interesse na quinta coisa que mais gostamos – ou gostávamos – de fazer: procriar. No Brasil, a previsão é de que tenhamos aproximadamente 165 milhões de habitantes em 2100, sendo que, em 2022, superamos os 200 milhões de habitantes.

O futuro deixará apartamentos de quatro suítes sem nenhuma utilidade, os de três quartos ou três suítes também serão afetados pela perda de importância, a não ser que voltemos para a prática do início do século 19, quando uma casa com vários quartos de tamanho significativamente grande era dividida entre várias famílias sem parentesco direto, mas com alguma afinidade. Nesse caso, poderemos ter os apartamentos de quatro suítes sendo compartilhados por famílias de apenas um ou dois indivíduos, uma única pessoa ou casal em cada uma das quatro suítes como uma unidade à parte. Com a senha de acesso ao seu apartamento e à sua suíte, você receberá seus visitantes e passará momentos de convívio dentro da unidade, mas compartilhará as áreas comuns – sala, cozinha e varanda – com os outros três núcleos familiares, como vemos nos famosos reality shows na TV.

Além disso, observamos algo muito interessante acontecendo no Brasil. Temos hoje os filhos únicos dos casais da geração Y. São as crianças da geração alpha, nascidas a partir de 2010, já com 12 anos de idade. Elas têm poucos primos ou nenhum. Para essa geração, morar em comunidades como as aqui descritas parece ser o futuro.

A geração Z (nascida entre 1995 e 2009) parece que tomará o mesmo caminho. Na adolescência, os indivíduos da geração Z não tiveram a presença dos pais nas horas vagas em casa. Pais que deixavam os filhos únicos entregues à solidão e trabalhavam muito para adquirir moradias adequadas para a família, pais que caíram na armadilha de ter cada vez mais chaves das portas de imóveis nos chaveiros e comprar apartamentos na cidade, na praia e casas no campo para o lazer da família.

A solidão dos jovens das gerações Z e alpha foi compensada com a entrada em massa na internet e nos aplicativos de redes sociais. A partir de 2010, as portas do mundo digital foram abertas pelos seus pais e avós, que compraram freneticamente para si mesmos novos smartphones mais avançados cada vez que era lançado um modelo com processador de dados mais rápido, deixando os aparelhos anteriores, ainda muito potentes, com seus filhos e filhas, netos e netas, como forma de aquietar os pequenos nos restaurantes, nas festas familiares ou mesmo no carro ao viajarem por 200 quilômetros para passar um fim de semana em um hotel ou na casa de praia. Nas minhas palestras do livro *Meu imóvel, meu mundo kids*, que ensina sobre imóveis e moradia para crianças de 7 a 11 anos, do ensino fundamental 1, todas relatam ter passado pela mesma experiência.

A solidão dos pequeninos, aliada à sua ansiedade e ao avanço da indústria dos jogos em rede, criou a geração mais solitária e ansiosa da história e hoje constitui uma das maiores fontes de conflito dentro dos novos lares construídos pela indústria imobiliária moderna, que ainda não sabe como ajudar as famílias a lidar com tais conflitos e que precisa entender que seu trabalho não acaba quando a nova casa ou apartamento é entregue às famílias. Diante dos fatos destacados nesta obra, é possível afirmar que nenhuma indústria deveria ter maior responsabilidade socioemocional com seus clientes do que a imobiliária, pois é dentro dos imóveis, com as pessoas que mais amamos, que os conflitos mais dolorosos ocorrem. Não há dúvidas quanto a isso.

Instintivamente, você concorda que é muito mais fácil subirmos o tom de voz em uma discussão com pessoas que conhecemos muitíssimo do que com aquelas que nos são estranhas? Que é muito mais fácil proferir palavras que ferem para nossos cônjuges ou filhos, com quem iniciamos e terminamos a maioria absoluta de nossos dias, do que agredir verbalmente um transeunte na rua? Os lares produzidos a partir da industrialização dos imóveis dos últimos 50 anos, que deveriam ser lugar de ricas experiências de afeto e convivência afetiva, têm abrigado verdadeiros ringues de luta entre pessoas da mesma família que se amam.

Em 2019, enquanto escrevia a primeira edição de *Meu imóvel, meu mundo*, senti que precisava registrar duas previsões estatísticas que se cumpririam em menos de quatro anos. A primeira era a de que os imóveis não seriam os mesmos a partir de 2020; essa história já conhecemos, veio a pandemia e tudo mudou, não necessariamente por causa da pandemia, essa apenas acelerou os novos comportamentos geracionais que estavam para eclodir. A segunda era a de que os novos empreendimentos precisavam ter alma, algo que eu enxergava com as ferramentas de que dispunha na época e que, à luz dos novos fatos, reescrevo: agora os empreendedores imobiliários precisam cuidar da alma de seus clientes, de sua psique, e isso pode ser atingido de forma prática e responsável pela nova dimensão humanizada proposta pelo programa Mentes Saudáveis, Lares Felizes.

A necessidade de integração

Com famílias menores e a predominância de filhos únicos nas moradias, a integração dos indivíduos em grupos se tornará uma tarefa cada vez mais árdua e exigirá habilidades sociais e emocionais para que se consiga criar relações humanas fortes, saudáveis e produtivas, seja em ambiente presencial, seja virtual.

Nos anos de 1980 ou 1990, era extremamente fácil resolver uma necessidade pessoal ou particular. Muitas das pessoas que nasceram nas décadas de 1950, 1960 e 1970 são filhas e filhos que tiveram muitas irmãs e irmãos. Na década de 1980, era normal um jovem ter dez, 15, 20, até 30 primos no Brasil, todos morando na mesma cidade ou arredores. Isso permitia que qualquer necessidade de apoio que qualquer indivíduo da família tivesse fosse resolvida e solucionada dentro da própria família. Sempre havia um tio, primo ou prima com algum conhecido que poderia ajudar um integrante da família, suprindo desde a necessidade de um dinheiro emprestado até a participação na obra do telhado ou do contrapiso da casa. Os membros das famílias se ajudavam, e era possível resolver qualquer problema com o auxílio das pessoas com algum parentesco, inclusive demandas no âmbito emocional.

O maior desafio do mundo imobiliário para as próximas décadas será a capacidade de ajudar as pessoas a cooperar entre si, pois elas serão todas desconhecidas umas das outras. As pessoas terão poucos parentes próximos ou absolutamente nenhum para ajudar a resolver seus problemas, os vizinhos serão completamente estranhos entre si e, como já ocorre hoje, mal darão bom-dia para quem está no corredor do prédio esperando o mesmo elevador para começar o dia; por outro lado, darão saudações calorosas em vídeos para seus seguidores nas redes sociais, estando no mesmo elevador que o vizinho que sequer cumprimentaram com um breve movimento do rosto, sem falar palavra alguma.

Uma das situações que mais me impressiona nos vídeos divulgados na internet hoje em dia é a de pessoas em apuros, que precisam de ajuda imediata por estarem em risco, tendo seu desespero filmado por outras que estão próximas e deveriam deixar os celulares de lado para as socorrer. É comum em vídeos nos quais um tubarão nada na praia que as pessoas filmem aquelas que ainda estão no mar, nadando e correndo desesperadamente com água pela cintura para se salvar, em vez de largarem seus smartphones e se prontificarem a ajudar, estendendo as mãos para salvá-las.

Essa demanda dos futuros moradores, que surgirá em questão de não muitos anos, é extremamente importante. Os agentes do mundo imobiliário precisarão ajudar as pessoas a se relacionar e criar amizades e relações mais próximas, saudáveis e respeitosas. Não se trata de entregar mais um condomínio para 100 ou 200 famílias e sim de entregar práticas de gestão da emoção para que o senso de comunidade venha a existir e perdurar, promovendo o respeito e a interação entre pessoas de todas as gerações.

A partir de 2025, provavelmente teremos sete gerações convivendo nos bairros, condomínios de apartamentos ou casas, shopping centers, praias, parques e ruas: veteranos, boomers, X, Y (millennials), Z, alpha e a novíssima beta. Isso se dará em parte pelos avanços da medicina, com novas drogas e tratamentos para diversas doenças conhecidas, mas o que importa é que teremos sete jeitos diferentes de encarar a vida e o morar. Vou resumir a expectativa de cada uma dessas gerações:

- ❖ Veteranos (1925 a 1939): tradicionais, patrimonialistas, preferem deixar todos os bens para seus descentes, mesmo que não desfrutem de conforto pessoal em idade mais avançada.
- ❖ Boomers (1940 a 1959): adoram espaço, famílias grandes, valorizam a terra, gostam de animais de criação, árvores

frutíferas no quintal, receber filhos e netos em comemorações. São pouco adeptos da tecnologia.

- ❖ Geração X (1960 a 1979): expansionistas, estressados e estressantes, responsáveis pela maior expansão imobiliária da história, concretaram o mundo e ampliaram as cidades, abandonaram os filhos em casa ou nas muitas atividades dos colégios em busca do sucesso profissional. Abriram novas empresas como nenhuma outra geração, aderiram à tecnologia desde o início dos microcomputadores aos atuais smartphones. Têm inúmeros conflitos e atritos com as gerações anteriores e posteriores. Passaram a vida comprando todos os imóveis que puderam, exibiam molhos de chaves pendurados nos passadores de cintos de suas calças jeans nos encontros familiares para mostrar seu poder. É a geração que mais se casou e a que mais se divorciou também, casando-se duas ou até três vezes, com filhos em todos os casamentos, criando demandas jurídicas referentes às relações familiares jamais imaginadas.
- ❖ Geração Y (1980 a 1994): os mais protegidos dos últimos mil anos e também os mais abandonados pelos pais. Os que mais confrontam a geração X, mesmo morando com os pais até os 40 anos se possível. Resolveram casar-se mais tarde e ter nenhum ou no máximo um filho. São os que mais admitiram precisar de ajuda e recorreram aos profissionais da psicologia, são também os que mais se engajaram na proteção do meio ambiente e dos animais. Foi a geração que introduziu os pets, cães e gatos, dentro de casa e os trouxe para dormir em seus quartos e em suas camas.

- Geração Z (1995 a 2009): muitos são filhos das segundas uniões das pessoas da geração X, em alguns casos com cônjuges da Y. Confrontaram a geração Y durante a pandemia, chamando-os de *cringe* (algo como brega, cafona, ultrapassado, motivo de vergonha alheia). Sentem-se os donos do século 21 e querem ditar as regras logo cedo. São criados na internet de alta velocidade, inquietos, provocadores e influenciadores dos novos costumes. É a primeira geração a ter mais relações de amizade no ambiente virtual do que no presencial. É a primeira a iniciar seu ciclo profissional inteiramente na internet, sem passar por trabalhos ou empregos presenciais, a abolir trabalho formal e carteira assinada. Chegam a ter verdadeiro pavor de ter que perder tempo se deslocando para algum local, mesmo que seja para tomar um sorvete com a família.
- Geração alpha (2010 a 2025): os filhos do millennials são duplamente protegidos, pelos avós da geração X e pelos pais da geração Y. Muitos nasceram durante a pandemia, quando o instinto protetor dos pais atingiu o ponto máximo. Primeiros a ter os famosos chás-revelação do sexo do bebê, são quase todos filhos únicos, com pouquíssimos primos, pouco convívio familiar e poucos amigos presenciais. Ansiosos, querem tudo para agora e exigem isso dos pais. Altamente conectados, têm acesso a *touch screens* desde cedo; muitos já tinham perfis em redes sociais antes mesmo de nascer, com posts de suas imagens do exame de ultrassom 3D. Eu mesmo vi a seguinte a seguinte postagem: "Eu, P., estou chegando daqui uns dias, você consegue ver se me pareço mais com o papai ou com a mamãe por essas imagens?". Milhões de bebês

da geração alpha tiveram o nascimento filmado pelos pais e os vídeos distribuídos em grupos de mensagens entre familiares e amigos próximos. Os mais novos, nascidos a partir de 2017, praticamente só conviveram com adultos, pois ao chegar à idade escolar já havia a pandemia.

- Geração beta: provavelmente estará entre nós a partir de 2026. Será a geração do início do declínio da população humana no mundo. Os poucos filhos que a geração Z terá serão nascidos e criados na velocidade 5G, na superpopulação de oito bilhões de humanos. A beta será a primeira geração de humanos com grande probabilidade de não ter irmãos nem primos de primeiro grau. Será a geração de indivíduos mais sozinhos, em muitos casos, filhos de mãe ou pai solo. A primeira a depender exclusivamente dos aplicativos para viver e a lidar desde criança com ferramentas de inteligência artificial, bem como nativa em resolver praticamente tudo com apenas um dedo na *touch screen*. Além poderem ter na maior parte amigos virtuais, em detrimento das relações presenciais, poderão ser os primeiros a ter entre seus "amigos" os programas de IA (inteligência artificial).

Sem gestão da emoção essas sete visões de mundo poderão se digladiar no local que deveria ser lugar de descanso e reposição das energias: o lar.

Considere também que a quantidade de pessoas com quem nos relacionamos presencialmente caiu drasticamente após a pandemia. E a quantidade daqueles que podemos considerar amigos verdadeiros restringe-se muitas vezes a um número que cabe em uma mão. Com cinco dedos, você provavelmente consegue contar as pessoas em quem realmente pode confiar e com quem pode compartilhar problemas e de quem pode receber conselhos e soluções de forma gratuita e carinhosa; por isso é importante contar com ferramentas de gestão da emoção.

Nos novos bairros planejados, condomínios de terrenos, casas e apartamentos, o mundo imobiliário terá que entregar uma estrutura que facilite a integração das famílias em uma comunidade vibrante e repleta de relações saudáveis e construtivas. Além disso, há uma responsabilidade maior que as incorporadoras e os profissionais do setor imobiliário precisarão assumir: promover o encontro das pessoas para que possam criar vínculos sólidos e verdadeiros. Principalmente essa grande parte da sociedade que viverá com pouquíssimos parentes diretos e pouquíssimos amigos leais. A solidão é um desafio que fará parte do futuro das habitações. As mansões que abrigam solitários e potenciais suicidas já são uma triste realidade.

O mundo imobiliário tem um papel de destaque em ajudar as pessoas a se relacionar melhor, a criar senso de comunidade, de cooperação, criar interação e laços emocionais com os vizinhos e relações sólidas entre eles. Essa será uma demanda forte das próximas décadas e uma necessidade extrema na segunda metade deste século. Os currículos da engenharia civil e da engenharia elétrica precisarão romper o plano cartesiano e ensinar também sobre gente e gerações, assim como os cursos para formação de novos corretores de imóveis, que são os profissionais legalmente habilitados para a comercialização de imóveis. Já é uma obrigação na arquitetura ser responsável em termos socioambientais, mas ainda não se acordou para a dimensão socioemocional. Quase nunca o mais sofisticado é o melhor para as famílias; sofisticação por si só é quase nada diante das necessidades das mentes atingidas pelas 12 a 13 horas diárias de exposição aos estímulos incessantes da economia dos aplicativos e dos inúmeros novos formatos de redes sociais, das quais uma a duas dessas horas são cotidianamente na cama, antes de dormir. O resultado: você dorme cada vez mais tarde. As mesinhas de canto ao lado das camas de casal que até 20 anos atrás continham livros para leitura, agora têm um celular ligado à tomada e comprimidos para dormir nas gavetas.

Considerando a possibilidade real de em muito pouco tempo termos indivíduos completamente isolados em seus ambientes próprios, criando relações superficiais de forma acelerada em ambientes virtuais, é preciso promover algo diferente do que apenas entregar belos condomínios com pistas para caminhada, academia para estimular a saúde física ou a melhor engenharia possível para o conforto nos dias de hoje. Falaremos mais desse assunto no próximo capítulo.

9

O império da internet e o jeito ansioso de viver

As transformações que estão mudando para pior a relação com nossas moradias

por Marcus Araujo

A internet e o mundo digital estão por toda parte, e não podemos fugir desse fato. Hoje, a primeira coisa que fazemos ao acordar e a última antes de dormir é pegar o celular e dar uma espiadinha nas notícias e principalmente nas redes sociais, que dão as notícias sobre as pessoas que admiramos. O impacto da internet na vida familiar é imenso e, claro, não poderia deixar de afetar o mundo das habitações, já que grande parte do tempo conectado à internet acaba ocorrendo quando estamos em casa, isolando-nos das pessoas que fazem parte da unidade familiar.

Como mencionado, teremos a primeira geração de filhos únicos, que há muito tempo já estão isolados em seus quartos, muitos pais já perderam essa batalha. Afinal, hoje é possível fazermos quase tudo com apenas alguns cliques na internet. Não precisamos mais sair de casa para comprar comida, pagar contas, consultar com profissionais de saúde (médicos, psicólogos, psiquiatras etc.), entre outras atividades corriqueiras que nos exigiam deixar nossos lares e nos deslocarmos.

Do ano 2000 até 2020, colocamos toda a tecnologia possível dentro das moradias. Em 2020, com a chegada da pandemia, tivemos que conectar os serviços da nova economia dos aplicativos aos condomínios. Por exemplo, para pedir e receber os alimentos nos nossos apartamentos, passamos a usar aplicativos. Tanto os edifícios mais econômicos quanto os mais sofisticados passaram a contar com um recuo e uma porta especial ou com uma recepção especial e prática para a entrega dos produtos que chegam via aplicativos, seja de itens de supermercado, seja de alimentos prontos. O mesmo aconteceu com os condomínios de casas, que se organizaram para receber as compras de seus moradores realizadas via aplicativos.

Agregamos esses serviços aos nossos lares, o que foi possível graças ao acesso à internet de alta velocidade e às adaptações nos prédios, casas e condomínios para podermos receber tudo de que precisamos via compras on-line nos aplicativos. Como já comentado, tudo de tal forma que, se você não quiser, não precisa sair de casa para mais nada. Com isso, muitas vezes sem perceber, ficamos cada vez mais mergulhados no mundo on-line e submetidos ao império da internet, como costumo chamar.

O império do século 21

Pensávamos que havíamos ficado livres dos impérios que por muito tempo fizeram parte da nossa história. O mundo ocidental civilizado, no entorno do mar Mediterrâneo e do mar Adriático, já havia sido regido pelo império romano, que, por volta do século 1, estendia seus domínios até o Oriente Médio, somando quase seis milhões de habitantes. A espada romana controlava 2,6% de toda a população mundial da época, de aproximadamente 230 milhões de habitantes.

O império romano foi poderoso e deixou um legado importante para o mundo ocidental, mas em toda a sua glória se limitou a apenas 2,6% da humanidade. Visitei os sítios arqueológicos de Roma e pude verificar o imenso poderio das grandes construções romanas, mas é preciso destacar seu limitado alcance percentual.

O maior império da história humana foi o império britânico, que, em 1900, teve 300 a 320 milhões de súditos. O mundo nessa época contava aproximadamente com um bilhão e 560 milhões de habitantes. O império britânico teve sob seu controle, por várias décadas, aproximadamente 20% da população mundial. Depois da Segunda Guerra Mundial, do movimento de independência da Índia liderado por Mahatma Gandhi e das revoluções na África, esse volume diminuiu drasticamente.

Porém, hoje a internet é o império que se estende por todo o planeta. Ele não nos obriga a obedecer a ninguém, ao contrário dos impérios do passado, mas faz com que você não se sinta parte do território virtual se não estiver conectado a cada minuto na internet. Se você, por exemplo, é um profissional autônomo ou empreendedor e não fizer parte de alguma rede social e não investir tempo nela para produzir conteúdo, já limita seu crescimento e sucesso profissional, seja qual for a sua atividade. Existem mestres de obra, arquitetos, corretores de imóveis, engenheiros, *home stagers*, nutricionistas, médicos, advogados, consultores e profissionais de muitas áreas que acabam se destacando mais quando se submetem às regras do império da internet.

As regras são muito claras. Você vai ter de comprar um smartphone, o melhor e mais sofisticado possível, com o esforço do seu trabalho, para ganhar competitividade e velocidade de processamento e investir grande parte do seu tempo na geração de conteúdo para buscar as tão desejadas curtidas, seguidores e oportunidades de expandir e manter sua carteira de clientes e negócios. O mundo virtual impõe métricas bem definidas, duras e, para a imensa maioria das pessoas, frustrantes.

O mundo digital, com seus diversos aplicativos para todas as funcionalidades e principalmente as redes sociais, acaba por estabelecer novos comportamentos e atuar diretamente na nossa mente, fazendo com que vivamos grande parte de nosso tempo em um mundo paralelo ao mundo físico. Podemos estar em casa, mas mal vemos o que acontece ao redor, mal paramos para conversar com quem amamos e quase não temos momentos sem aparelhos celulares com nossos familiares que vivem sob o mesmo teto. Nós nos isolamos, senão fisicamente, mentalmente. Em meio a conversas familiares que poderiam ser prazerosas, todos verificam a cada poucos segundos suas telas com notificações.

Quantos bilhões de pessoas não estão conectadas ao WhatsApp, ao Instagram, ao TikTok, ao Facebook, ao YouTube, aos aplicativos de música como o Spotify, e rolam seus dedos pelas telas sensíveis ao toque dos smartphones a cada milissegundo, ao mesmo tempo, em todo o mundo, procurando uma novidade qualquer?

Isso tudo acontece dentro de casa. Isso tudo acontece diariamente em todos os lares. Nas residências produzidas pela indústria imobiliária. O mundo virtual, o império da internet, tem seus principais portais de acesso dentro do conforto de nossos lares.

A infância em tempos de internet

Não somente os adultos são influenciados pelo mundo digital. Crianças da geração alpha, que nasceram a partir de 2010, já nascem familiarizadas com a *touch screen*, e vemos muitos casos em que, mesmo antes de sair do ventre da mãe, já têm perfis nas redes sociais. Os pais criam um perfil na rede social do momento para postar as novidades do novo membro da família. Esse é o passaporte dos bebês para o império da internet. E, quando completam 3, 4 ou no máximo 5 anos, recebem um tablet ou um celular seminovo para navegar no espaço virtual. Isso porque os pais, ao comprarem aparelhos de última geração, entregam aos filhos aqueles que já não utilizam.

Sim, as novas gerações já navegam pelas redes sociais antes mesmo de começar a falar e compreender toda a linguagem falada. Bem antes da alfabetização já têm intimidade com os estímulos sonoros e visuais por meio da *touch screen* e dos efeitos 3D.

A nova geração chegou às terras do império muito rapidamente. E mesmo com o controle adequado, por parte dos pais, dos conteúdos digitais que consomem, as crianças isolam-se em seus quartos e se relacionam digitalmente com pessoas que nunca viram pessoalmente, que não necessariamente fazem parte de sua rede de convívio. Estão nos jogos on-line, a grande evolução dos antigos videogames.

Em relação às décadas passadas, quando os videogames se popularizaram, a diferença é que as pessoas conseguiam finalizar o jogo, zerar o jogo, como as crianças e os jovens das décadas de 1980 e

1990 costumavam dizer. E era um jogo físico, com cartucho e console compartilhados. Para jogar, as crianças e os adolescentes precisavam estar juntos nas casas e apartamentos. Desde a década de 1980 até mais ou menos 2010, as casas ficavam cheias de garotos e garotas se alternando e aguardando a vez de jogar. Quando zeravam as partidas, o jogo perdia a graça e todos iam fazer outras coisas, experienciar outras brincadeiras.

Entretanto, o império da internet é implacável. Criou uma característica nova: os jogos não têm mais fim. E não é preciso se reunir na casa de um amigo para jogar. Cada um fica na sua casa, isolado, com o aparelho ligado em jogos que não acabam nunca.

Um total de cinco bilhões de pessoas tem acesso à internet hoje, três bilhões delas estão envolvidas no mundo dos games. Ou seja, imagine a quantidade de pessoas conectadas, jogando no computador ou celular por horas e até dias, sem que percebam que estão isoladas. Qual o nível de relacionamento desses adultos e crianças com outras pessoas? Como desenvolvem habilidades sociais e emocionais dentro do mundo digital? O maior império da história e o único que não o obriga a nada, você está lá porque quer, tem 62% da população mundial sob seu domínio. E, como nos impérios da antiguidade em que havia saqueadores, no território virtual há saqueadores da paz alheia, há agressões gratuitas e desmedidas que destroem jovens das gerações Y ou Z, aniquilam crianças da geração alpha e furtam a paz dos aguerridos da geração X. Ninguém está a salvo dos saqueadores da paz do mundo virtual, nem eles mesmos estão. Temos visto personalidades famosas, com milhões de seguidores na internet, indo à lona por nocautes virtuais cruéis de cancelamento com ou sem motivo aparente.

Mas e aí?

Vemos então que o mundo imobiliário tem o papel e eu diria até uma responsabilidade muito grande de ajudar as pessoas a não perderem suas relações presenciais e a socializarem com os que amam e com seus vizinhos. Não dá mais para reduzirmos a felicidade das pessoas apenas ao dia da compra ou da assinatura do contrato de aquisição do novo lar. Precisamos entregar mais que um imóvel.

É importante que os agentes do setor imobiliário assumam um papel protagonista na promoção das ferramentas que mudem o jeito das pessoas se relacionarem nos seus lares, considerando o novo cenário impactado pela diminuição do tamanho das famílias e pelo alto grau de conexão à internet.

Afinal, para sermos felizes, todos buscamos conexões com as pessoas. Pesquisas, estudos e livros mostram que pessoas longevas e felizes fazem parte de uma comunidade e que têm um sentido de pertencimento.

Por isso temos uma nova tarefa, uma nova missão, uma nova fronteira para o mundo imobiliário: cuidar das pessoas. Porque elas estão ficando doentes em suas próprias casas, e também é responsabilidade da indústria imobiliária cuidar bem de seus clientes, assim como cuida dos acabamentos dos imóveis, entregando casas, apartamentos e condomínios que estejam no perfil adequado às necessidades, levando em conta a diminuição do número de integrantes das famílias e proporcionando oportunidades para mais interações e convívio com outras pessoas.

Posso contar com sua colaboração em um teste para verificar se sua moradia oferece um ambiente propício para você ter um lar feliz? Marque um "x" nas afirmações com as quais você concorda:

( ) Sua moradia não compromete mais do que 25% da renda total da sua família, seja em parcela de financiamento, seja em aluguel. (Se o imóvel for quitado, marque "x" também.)

( ) Se você reside em um condomínio de apartamentos ou casas, a taxa condominial não supera 5% da renda familiar total.

( ) Você aproveita cada canto de convívio do imóvel, se sente bem nele, realiza leituras, cuida das plantas, prepara pratos deliciosos na cozinha, gosta de ficar no quintal, jardim ou varanda e prefere estar em casa do que ir a shopping centers e restaurantes, entre outros.

( ) Seus amigos e familiares e os amigos de seus filhos participam pelo menos uma vez ao mês de encontros felizes em almoços, jantares e churrascos na sua residência ou nas dependências do condomínio.

( ) A casa ou apartamento não tem muitas paredes, sala, cozinha, varanda, tudo é integrado, promovendo sorrisos e conversas entre os moradores.

( ) Os moradores, cônjuge ou filho(s), interagem entre si, com muitas conversas e elogios, fazem comida juntos, assistem a filmes em família ou com amigos e não vivem cada um em um mundo à parte, conectados na maioria do tempo aos amigos virtuais ou a pessoas que conhecem apenas pelas redes sociais e não pessoalmente.

( ) Os moradores gostam de preparar as refeições juntos pelos menos uma vez por semana, celebrando a vida, as pequenas conquistas ou mesmo compartilhando os problemas e dificuldades.

( ) Há menos de seis telas conectadas à internet dentro de sua casa, contando os smartphones de cada morador, todas as smart TVs, tablets, videogames, notebooks e computadores de mesa.

( ) Não há ambientes sobrando, sem uso no imóvel, tais como quartos, suítes, garagens, nem mesmo espaços que tenham sido um dia utilizados por filhos que já saíram de casa.

( ) Você mesmo consegue manter o imóvel limpo e organizado ou com a contratação de no máximo duas diárias de serviços especializados de limpeza/faxina por semana.

( ) Você não está sempre querendo trocar, comprar ou alugar um imóvel maior, melhor ou mais caro apenas porque alguém da sua família ou do seu círculo de amizade acabou de se mudar para um lugar melhor.

( ) Você tem mais memórias afetivas ou janelas light a respeito do imóvel – festas de aniversário memoráveis, ceias natalinas inesquecíveis – do que janelas killer de momentos como discussões, brigas e agressões verbais.

( ) Em uma viagem de férias ou negócios que supere duas semanas, você não vê a hora de voltar para sua casa ou apartamento para recarregar as energias.

( ) Você dorme bem no seu quarto, ele transmite a segurança e o conforto que não podem ser trocados nem mesmo pelos quartos dos hotéis mais luxuosos.

( ) As tarefas domésticas de organização e limpeza são divididas harmonicamente e de comum acordo com todos da família, sem gerar estresse ou discussões.

Se marcou até três itens, você tem uma moradia que lhe traz satisfação. Entre quatro e seis itens, sua habitação é prazerosa para você e para quem mora nela, o ambiente é propício à edição de muitas janelas light que serão relembradas por muito tempo por todos que moram com você. Entre sete e nove itens assinalados, você adora o lugar onde mora e tem motivos para comemorar, pois atingiu o grau de lar, um ambiente propício à felicidade sustentável, aquela felicidade compartilhada por todos da unidade familiar ou por aqueles que, morando sozinhos, compartilham a vida com os amigos e não retrocedem diante de dificuldades. Um imóvel pode ser comprado ou alugado por qualquer um que tenha poder aquisitivo mínimo para tal, já um lar só é construído mediante esforço e dedicação de todos que nele habitam. A depender das atitudes dos seus moradores, uma mansão pode ser apenas um imóvel caro e bonito, pobre de sorrisos e abraços, sem jamais atingir o nível de lar. Dez itens pontuados ou mais, sua moradia atingiu o grau de lar feliz, e você pode ter certeza de que, no momento em que lê esta página, algum amigo, um filho ou parente distante deve estar se lembrando de um acontecimento memorável que experienciou no seu lar feliz.

Se você assinalou todos os 15 itens, é como se a sua casa tivesse mais frutos do que as mangueiras mais carregadas dos mais doces frutos nos meses de dezembro e janeiro ou como se produzisse mais sombra para descanso do que os frondosos flamboyants e tivesse o frescor das águas dos mananciais da felicidade. É provável que nunca mais você se mude de onde está, seu lar está no seu coração e no de todas as pessoas que pisam no seu chão.

Agora, se você não marcou nenhum ponto, é preciso rever sua moradia com certa urgência, pois talvez você esteja gastando mais do que pode com sua habitação, o que está afetando as relações com quem você mora, bem como com seus parentes e amigos, ou talvez não seja um lugar atraente. Recomendo também que revise o teste do Dr. Augusto Cury na página 70 para comparar os resultados e, usando da máxima sinceridade consigo, verificar se a gestão da emoção poderá ajudá-lo a melhorar a si mesmo, as pessoas com que convive e sua residência.

Novas formas de morar

Vou abordar agora as novas formas de morar e a maneira como as novas gerações encaram o morar nesta segunda década do século 21 e transferem seus hábitos para as gerações mais antigas. Antes, porém, precisamos lembrar que a decisão de sair da casa dos pais e morar de forma independente passou por mudanças ao longo dos últimos anos. Em 1920, cem anos atrás, as relações conjugais se estabeleciam muito cedo. As mulheres se casavam aos 18 ou 19 anos. Muitas até se casavam aos 15 ou 16 anos, com autorização das famílias, e aos 30 já tinham quatro, cinco, seis ou mais filhos.

À medida que as décadas foram passando e ao longo de todo o século 20, os filhos saíam de casa para serem completamente donos de sua vida o mais cedo possível. O motivo passou a ser não apenas o casamento, mas outras razões, como desafios profissionais ou questões emocionais que começaram a influenciar esse passo tão importante na vida das pessoas. Em 1990, muitos se casavam e tinham os primeiros filhos geralmente por volta dos 25 anos de idade.

No século 21, a partir do ano 2000, tivemos uma alteração nesse comportamento. A decisão em relação ao morar independente e à formação de seu próprio núcleo familiar mudou drasticamente de conceito. As pessoas passaram a priorizar o crescimento na carreira para ter melhor condição financeira e só depois se casar. Assim, os casamentos passaram a ocorrer muito mais tarde, com os homens se casando entre os 36 e 38 anos, chegando até os 40 ou mais, e as mulheres, entre os 34 e 36 anos de idade. A chegada do primeiro filho – e provavelmente único, como já falamos – inaugurou a primeira geração de filhos únicos da história humana. Esse comportamento foi impresso pela geração Y, ou dos millennials, nascidos de 1980 até 1994, e mais ainda pelos indivíduos da geração Z, nascidos de 1995 até 2009.

A redução no número de nascimentos em famílias interessadas em uma nova moradia será drasticamente menor a partir de 2030, segundo nossas projeções, realizadas na Datastore. Com isso, os núcleos familiares tendem a ser menores que três pessoas, o que indica muitos casais sem filhos e muitas unidades familiares com apenas um único indivíduo, ou seja, pessoas que moram sozinhas. Moram consigo mesmas ou no máximo com seu animal de estimação querido, tratado como filho ou ente familiar, num lar minimalista. Uma parte desses indivíduos, inclusive, muitas vezes adere ao nomadismo. Isso porque consegue trabalhar de forma virtual, de qualquer lugar do planeta, necessitando apenas de uma conexão de internet de boa velocidade e um smartphone.

Quando menos vale mais

Considerando esse contexto, surge uma nova visão para as moradias que serão planejadas e construídas daqui em diante: a da essencialidade, do não desperdício da superfície da Terra. Isso significa utilizar somente aquilo de que realmente se precisa. E que é muito pouco. O espaço físico se torna cada vez menos necessário, ao mesmo tempo que o espaço digital do império da internet aumenta cada vez mais sua relevância.

O fato é que as novas gerações chegam à década atual com um conceito importantíssimo: elas dizem não à ostentação do espaço físico privativo. Trocaram o desejo de uma moradia grande e com paredes para todos os lados pela busca de espaços funcionais, que tenham apenas o essencial para sua existência. O espaço mais desejado é na nuvem, ou seja, os terabytes para a armazenagem de conteúdo no mundo virtual. Quando escrevi *Meu imóvel, meu mundo* projetei estatisticamente apartamentos de três metros quadrados no ano de 2079, mas recentemente fui surpreendido com relatos a respeito de brasileiros morando em nanoapartamentos de três metros quadrados na Coreia do Sul, ou seja, isso já é realidade no mundo superlotado com oito bilhões de pessoas ou oito bilhões de motivos para se pensar em lares felizes com mentes saudáveis.

É o inverso da tendência anterior, conforme mostrado nos capítulos anteriores. As pessoas da geração X davam bastante importância a quantidades maiores de espaço físico – curiosamente, davam maior importância a espaços que usariam muito pouco, mas pagariam bem mais para adquiri-los e mantê-los, como as casas de praia. Quanto mais metros quadrados, suítes, vagas de garagem, melhor. As pessoas gostavam de ostentar e se orgulhavam de onde e como moravam, bem como de quantos imóveis eram proprietárias.

As novas gerações inverteram essa realidade. Passaram a ter diversos hábitos e demonstrações práticas de que é muito mais vantajoso para si mesmo e para a sustentabilidade do planeta ter apenas o necessário com muito conforto e principalmente acesso irrestrito às terras do império virtual com os melhores processadores de dados disponíveis no momento, lembrando que a cada ano se lança um novo modelo mais veloz que o antecessor.

As novas gerações se deram conta também de que parte do bem-estar está atrelado a ter gastos pessoais controlados e não ter a preocupação de ter ou não dinheiro no final do mês para pagar o financiamento ou o aluguel de uma casa ou apartamento. Normalmente, os custos de moradia costumam consumir de 25% a 30% do orçamento familiar, seja na locação, seja na aquisição de um imóvel. A moradia é o bem de valor agregado mais alto da vida da grande maioria das pessoas e núcleos familiares pelo mundo. Por isso precisa ser muito bem escolhida, já que é um compromisso que exige responsabilidade financeira de longo prazo.

Além disso, uma parte das pessoas da geração Y decidiu que não necessariamente se casará ou terá filhos. Enquanto em 1980 ou 1990 tomava-se a decisão de ter um ou dois filhos, em 2022 a dúvida é ter um filho ou um pet, normalmente um cãozinho, gato ou jabuti. Isso influencia diretamente na configuração da moradia. De que essa geração necessita? De espaços inteligentes que realmente serão utilizados (sem desperdício), com o mínimo possível de paredes para não isolar mais ainda as poucas pessoas que fazem parte do núcleo familiar diminuto. Os sorrisos são importantes, e as paredes impedem o contato visual.

Se um muro caiu em 1990, as paredes foram derrubadas a partir de 2020

Acompanhando as novas tendências, a engenharia também avançou muito e eliminou paredes nos empreendimentos imobiliários. Há 30, 40, 50 anos, as paredes eram necessárias para separar os muitos filhos em seus ambientes, para que todos pudessem ter momentos de privacidade, estudar e se concentrar cada um nas suas atividades. E o mais chocante da época: receberem o castigo de não poder sair de casa, tendo que ficar trancados em seus quartos como punição por algo considerado errado. Hoje o castigo para a garotada costuma ser o inverso, ter que sair do quarto, onde os adolescentes passam a maior parte do tempo navegando pelo árido território do império da internet em busca de algo interessante ou apenas circulando pelo metaverso e por jogos on-line sem fim.

Hoje, como muitas famílias têm apenas um filho, as pessoas querem cada vez menos paredes, para se comunicarem mais e desfrutarem do convívio. As paredes estarão restritas apenas aos quartos e banheiros. Cozinhas não têm mais paredes, são as cozinhas em conceito aberto, inicialmente famosas nos Estados Unidos, mas que agora já fazem parte da cultura mundial e das moradias para todas as faixas de renda. A bem da verdade, da geração Z em diante as cozinhas enquanto ambiente específico poderão desaparecer dos imóveis; eles só precisam de uma air fryer, um microondas e um aplicativo de pedido de alimentos. Esses equipamentos podem estar em cima de uma bancada na sala, por exemplo.

Esse pensamento promoveu uma eficiência interessante para o mundo imobiliário, já que muitas paredes deixaram de existir e deixaram de ser um desperdício. Essa tendência foi replicada inclusive nos escritórios, a maioria passou a não ser mais fechada, com todos trabalhando num mesmo ambiente, independentemente da posição hierárquica ocupada na empresa. Pessoas e famílias que ostentam as métricas tradicionais estão se tornando algo do passado. Nas empresas, os chefes já não contam com sala de trabalho exclusiva. E os CEOs não mais dispõem de cadeira pomposa e ambiente especial no escritório.

O que querem as novas gerações

Voltando à questão financeira, para as novas gerações não importa quanto dinheiro se tem. Com uma renda média, alta ou mesmo pequena, todos querem a mesma coisa – adquirir ou alugar moradias pagando apenas por aquilo que de fato vão utilizar e priorizam.

Temos ainda um novo momento de educação financeira, impactado por grandes influenciadores digitais e empresas de recomendação de investimentos que estão ajudando a ensinar essas gerações sobre um uso melhor e mais racional de seus recursos financeiros. Eles mostram que boa parte da paz interior de todos nós passa por ter equilíbrio em nossas contas e ainda ter sobra para investimento, para garantirmos um futuro financeiro mais seguro.

Há também um novo e importante comportamento que está impactando o mundo imobiliário. Muitas pessoas já não dão importância para a aquisição da moradia, principalmente aquelas que vivem imersas no império digital da internet. Aboliram alguns conceitos das gerações anteriores, como ter emprego formal com carteira assinada, veículo próprio e casa própria. Seus objetivos pessoais e profissionais passam longe de tudo aquilo que as prendam a determinado lugar. Desfrutam da liberdade, de poder morar em qualquer lugar e assumir compromissos diferentes quando bem entenderem e a partir do que sua renda permitir.

Acreditamos que está em curso uma grande revolução, que promete trazer, para a segunda metade do século 21, a predominância desse modelo. Um modelo que prevê uma vida mais focada no mundo virtual, nas experiências, proporcionando a oportunidade de morar em vários lugares diferentes, de acordo com a necessidade profissional ou o deleite pessoal; tendo contato com culturas e vivências diferentes, mas sem criar vínculos afetivos permanentes com nenhuma outra pessoa e com baixíssima reprodução humana ou geração de filhos.

Teremos, segundo artigo publicado na revista científica britânica *The Lancet*, uma das mais respeitadas do mundo, o decréscimo da população mundial a partir de 2064. O artigo revela os números da demografia da segunda metade deste século, mas não retrata como será de fato esse mundo – o mundo da solidão, da ausência de relações profundas, de afeto e de crianças.

Mesmo com a recente marca recorde de oito bilhões de habitantes no planeta, esse futuro já se desenha no presente. Vejamos o que está acontecendo no Brasil: no primeiro semestre de 2022, tivemos a menor quantidade de nascimentos deste século em termos proporcionais, apontando para um futuro com famílias extremamente pequenas, muitas pessoas solteiras e isoladas, com pouquíssimos parentes diretos e amigos verdadeiros que se contarão em uma única mão. A maior necessidade dos brasileiros desde já é ter ferramentas de gestão da emoção para viver em um mundo dual, virtual e presencial, sem serem abalados em suas emoções. Em breve, como critério decisivo para uma aquisição, as pessoas irão perguntar às incorporadoras e construtoras se elas dispõem do primeiro programa mundial de gestão da emoção, Mentes Saudáveis, Lares Felizes.

Mensagens finais

Há três décadas dedico-me a entender o morar e concluí que, para além das estatísticas e dos instintos ancestrais de proteção, morar é amar. É amar a si mesmo a ponto de transferir a personalidade para o lar, é amar cônjuge, filhos, pets, familiares e, por que não, os vizinhos.

Quem cuida bem de si e daqueles que ama, cuida bem do lugar onde mora. Seu lar é sua couraça protetora, é como um abrigo seguro. Não permita que sua paz seja furtada por seus dedos deslizantes nas *touch screens* conectadas à internet espalhadas pela casa. Não mantenha espaços desnecessários em sua residência, que só lhe trarão mais atividades domésticas, mais despesas e mais custos de manutenção.

Trabalhe para ter a melhor moradia possível, mas nunca perca sua tranquilidade por contrair uma despesa acima do que pode pagar por um longo prazo. Promova e desfrute de momentos especiais em cada canto do seu lar.

De acordo com a atual expectativa de vida do brasileiro, cerca de 57% de sua existência transcorrerá em um endereço específico na companhia das pessoas com quem convive diariamente. Ensinaram-nos a reduzir a felicidade a um único dia – o dia da aquisição de uma moradia, o que, de acordo com a expectativa média de vida, poderá ser apenas 0,00357% de todos os nossos dias vividos; os outros 99,99643% serão dias comuns, que podemos tornar muito especiais.

O programa Mentes Saudáveis, Lares Felizes oferece a possibilidade de você criar dias e noites incríveis, repletos de alegria e felicidade com seus familiares e/ou amigos. Nenhum acabamento é capaz de produzir momentos felizes por um longo tempo; apenas o treinamento continuado da emoção produz mentes mais saudáveis e lares permanentemente felizes.

Esforce-se para ter o imóvel de seus sonhos, mas nunca abra mão de um lar feliz. Lembre-se: ter um imóvel não garante que você tenha um lar.

Valorize cada palmo da grande bola lindamente colorida de azul, pois só quem teve que abandonar sua residência e se refugiar em abrigos por causa de guerras e conflitos étnicos ou entre nações ou fenômenos da natureza, como enchentes, terremotos e tsunamis, sabe o quanto realmente vale ter um lugar para chamar de seu e dormir tranquilo. Ser e morar andam juntos desde o início; você é responsável por cuidar do lugar onde mora, que é uma fração da superfície do único planeta conhecido onde há vida, e vida inteligente – a sua.

Muito obrigado por ser alguém que melhora seu lar; fazendo isso, você ajuda a melhorar o mundo de hoje e o do porvir.

Marcus Araujo

Estatístico, pensador e futurologista do morar. Especializou-se em estudos de mercado sobre o comportamento do consumidor de imóveis, estruturando ideias para quase dois milhões de novas habitações antes mesmo que elas saíssem do papel ou fossem construídas, em um montante que chega a quase 900 bilhões de reais em valor de mercado, participando ativamente do redesenho da malha urbana brasileira ao longo das últimas três décadas.

Autor de *Meu imóvel, meu mundo*, o livro mais lido no mundo imobiliário, e de *Meu imóvel, meu mundo kids*, para crianças de 7 a 11 anos de idade. Nos últimos anos realizou palestras, conferências e lives por todo o Brasil, Lisboa e Dubai para mais de cem mil pessoas, tornando-se curador do programa Mentes Saudáveis, Lares Felizes em parceria com o Dr. Augusto Cury.

O programa de gestão da emoção Mentes Saudáveis, Lares Felizes é sofisticado e fascinante, o primeiro no mundo. Para o leitor comum, o programa se encerra com a leitura desta obra, o que já é impactante. Os leitores que quiserem ir além e expandir sua saúde emocional, suas habilidades socioemocionais e construir relações saudáveis devem procurar as melhores incorporadoras do país, pois elas estão oferecendo esse notável serviço aos clientes.

Até hoje as grandes construtoras do mundo, da China aos Estados Unidos, da Europa à América Latina, se preocupavam com tijolos, cimento, projeto arquitetônico, cor das paredes, jardins, área de lazer, mas se esqueciam do principal: da mente do cliente e da saúde emocional das famílias, enfim, das pessoas que vão ocupar o espaço. Preocupar-se com a embalagem é importante, mas se esquecer do conteúdo é um erro dramático.

Algumas incorporadoras poderiam argumentar: não é minha responsabilidade oferecer o programa Mentes Saudáveis, Lares Felizes. Se você se preocupa apenas com a capacidade de pagamento e o cartão de crédito do seu cliente, mas não com o território da emoção dele e com o futuro da sua família, talvez não. Porém, se você se preocupa, tem de virar a chave da sua mente.

Há cerca de 20 anos, as escolas argumentavam a mesma coisa quando comecei o programa Escola da Inteligência, o primeiro do mundo para ensinar gestão da emoção aos alunos. Eu defendia que as escolas não deveriam ensinar apenas matemática, física, química, línguas, mas também ensinar a pensar antes de reagir, empatia, gerenciamento do estresse, capacidade de se reinventar, de trabalhar perdas e frustrações e muito mais. Por fim, as melhores escolas mudaram, hoje são mais de 1.500 escolas particulares aplicando o programa. Até a ONU, provavelmente por nossa influência, mudou seu pensamento e passou a recomendar nos últimos anos a inserção de habilidades socioemocionais no currículo escolar. Vamos às lágrimas ao ver os resultados.

Temos de entender, conforme já afirmei, que não importa o tamanho de uma residência; no pequeno ou grande espaço de uma de uma casa, no espaço simples ou luxuoso de um apartamento, pode-se ter os maiores sonhos ou os maiores pesadelos, as maiores alegrias ou as maiores tristezas, os mais notáveis afetos ou as mais atrozes discussões, inclusive por picuinhas; as pessoas mais queridas são as que mais nos ferem.

O programa completo Mentes Saudáveis, Lares Felizes não é um programa motivacional, é baseado na complexa teoria da inteligência multifocal, publicada em mais de 70 países, que estuda a última fronteira da ciência: o processo de construção de pensamentos, a formação do Eu, os papéis conscientes e inconscientes da memória e muito mais. Também incorpora informações de vários autores das ciências humanas. Além das grandes teses deste livro, abrange cursos online ricamente elaborados, como "Gestão da emoção completo" e "As regras de ouro para se construir relações saudáveis", entre outros elementos.

Pode ainda envolver, embora não necessariamente, uma cabine antiestresse, a primeira do gênero. Essa cabine é física (no futuro também será on-line), contendo uma poltrona relaxante e uma tela; o adulto, jovem ou criança (nesse caso acompanhada dos pais) senta-se e acessa o tema de sua preferência. A cabine contém o programa de gestão da emoção, prevenção de suicídio e transtornos emocionais, ferramentas para enfrentar a timidez, a insegurança, o bullying, desenvolver habilidades socioemocionais. Além disso, haverá ferramentas para o desenvolvimento cognitivo, como foco, disciplina etc.

É sempre bom reiterar que as ferramentas de gestão da emoção objetivam prevenir transtornos psíquicos e construir relações inteligentes, mas não substituem em hipótese alguma o tratamento psicoterapêutico e psiquiátrico quando necessário, pelo contrário, é fundamental procurar um profissional de saúde mental. Bem-vindo à nova era da formação de mentes livres, proativas, criativas, ousadas.

As ferramentas que tenho proposto nos ensinam a comprar vírgulas nessa existência tão breve. Vírgulas? Sim, vírgulas para escrever os capítulos mais importantes da existência nos momentos mais dramáticos da história. Por favor, não coloque pontos finais na sua história nem nas histórias dos outros. Uma forma metafórica de comprar vírgulas é promover quem está ao redor. Por isso, ao terminar de ler este livro, procure hoje mesmo quem você ama, olhe bem nos olhos deles e diga algo assim: "Você é um ser humano único e insubstituível. Agradeço-lhe por fazer toda a diferença em minha história. Muito obrigado por existir".

Termino dizendo que foi uma grande honra fazer essa apresentação do programa Mentes Saudáveis, Lares Felizes. Se você treinar e incorporar alguns dos instrumentos aqui propostos, provavelmente nunca mais será o mesmo.

※

Que você treine para ser gestor da sua emoção.
Se treinar com disciplina, não tenha medo de falhar.
Se falhar, não tenha medo de chorar.
Se chorar, repense sua vida, mas não desista.
Dê sempre uma nova chance para si.

Os perdedores veem os raios e recuam,
Os vencedores veem no ambiente a oportunidade de cultivar.
Jamais desista das pessoas que ama.
Lute sempre por seus sonhos.
Apesar dos seus defeitos,
Você não é mais um número na multidão,
Não é mais um cliente ou um número de cartão de crédito.
Você é um ser humano único, irrepetível e insubstituível.
Muito obrigado por existir.

Augusto Cury

Psiquiatra, psicoterapeuta, cientista, escritor e professor de pós-graduação da Universidade de São Paulo (USP). Autor de uma das raras teorias mundiais sobre a construção do pensamento e o processo de formação do Eu, desenvolveu o primeiro programa de gestão da emoção e é um dos poucos autores vivos cuja teoria é estudada em universidades. Escritor ímpar, com mais de 35 milhões de livros vendidos somente no Brasil e publicado em mais de 70 países, teve o best-seller *O Vendedor de Sonhos* adaptado para o cinema pelo renomado diretor Jayme Monjardim.

O Vendedor de Sonhos e *O homem mais inteligente da história* também foram adaptados para o teatro. Com grande sucesso de público e crítica, seguem emocionando as plateias brasileiras.